한국의 산사
세계의 유산

한국의 산사
세계의 유산

초판1쇄 2020년 7월 27일
초판2쇄 2020년 9월 28일

지은이 | 주수완
발행인 | 정지현
편집인 | 박주혜

대표 | 남배현
기획 | 모지희
책임편집 | 박석동
마케팅 | 조동규, 김관영, 조용, 김지현
디자인 | Kafieldesign

펴낸곳 | (주)조계종출판사
등록 | 2007년 4월 27일(제2007-000078호)
주소 | 서울시 종로구 삼봉로 81 두산위브파빌리온 232호
전화 | 02-720-6107~9
전송 | 02-733-6708
전자우편 | mogwabooks@hanmail.net
구입문의 | 불교전문서점(www.jbbook.co.kr) 02-2031-2070~1

ISBN 979-11-5580-139-0 (03220)

이 도서의 국립중앙도서관 출판예정도서목록(CIP)은
서지정보유통지원시스템 홈페이지(http://seoji.nl.go.kr)와
국가자료공동목록시스템(http://nl.go.kr/kolisnet)에서
이용하실 수 있습니다.(CIP제어번호 : CIP2020027072)

사진은 대한불교조계종 총무원 문화부, 봉정사, 선암사, 해인사, 주수완 님께서
제공해주셨습니다.

한국의 산사
세계의 유산

유네스코 세계유산 지정 한국의 산사 순례기

주수완 지음

조계종
출판사

추천사

탁월한 보편적 가치를 담은 세계유산, 한국의 산사

유네스코 세계유산은 세계유산협약에 따라 전 인류가 공동으로 보존하고 후손에 전수해야 할 '탁월한 보편적 가치'가 인정되어 세계유산 목록에 등재된 유산을 말합니다.

한국의 불교문화유산은 1995년에 해인사 장경판전과 불국사·석굴암이 세계유산으로 등재되었으며, 2018년에는 양산 통도사, 영주 부석사, 안동 봉정사, 보은 법주사, 공주 마곡사, 순천 선암사, 해남 대흥사 일곱 곳의 산사가 '산사, 한국의 산지승원'으로 등재되었습니다. 우리의 불교문화유산은 그 시대의 건축문화를 통해 예술성과 문화사적 가치를 세계인들에게 확인받았으며, 또한 천년이 넘는 긴 역사와 함께 현재까지도 원형을 보전하고 있는 승원문화인 산사가 세계적으로 인정받았습니다.

세계유산으로 등재된 사찰의 이야기를 담아낸《한국의 산사 세계의 유산》은 저자가 수없이 사찰을 답사하고, 스님들을 만난 생생한 현장의 이야기들이 담겨있습니다. 주수완 교수는 각 사찰들이 담고 있는 불교적이고 전통적인 의미를 세계유산의 탁월한 보편적 가치로 해석하였으며, 이와 함께 산사의 풍경과 일상을 담은 사진을 수록하여 독자들로 하여금 세계유산 사찰을 입체적으로 이해할 수 있도록 하였습니다. 이렇듯《한국의 산사 세계의 유산》은 주수완 교수의 수행정진의 결실입니다. 이 책은 앞으로 대중들이 한국의 산사가 지닌 의미를 이해할 수 있는 길라잡이가 될 것이라 기대합니다.

대한불교조계종 문화행정을 관장하는 문화부장으로서 흔쾌한 마음으로 이 책을 추천하면서 더욱 많은 이들이 '한국의 산지승원'에 담긴 의미와 가치를 나눌 수 있기를 기원합니다. 그리고《한국의 산사 세계의 유산》의 안내에 따라 한국의 산사를 순례하며 부처님께 예경하고 산사가 품은 자연의 아름다움을 확인해 보시길 바라며, 천년 넘게 전승되어 온 우리의 뛰어난 전통문화의 우수성을 직접 느껴보시길 바랍니다.

대한불교조계종 총무원 문화부장 오심 합장

머리글

전통과 특수, 그리고 세계와 보편

불교는 한국의 전통인가? 당송팔대가唐宋八大家의 한 사람인 한유韓愈(768~824)는 불교를 오랑캐의 종교라고 폄하했다. 율곡栗谷 이이李珥(1537~1584)도 불교는 이방의 가르침인데 어찌 우리에게 적합할 수 있겠는가 비판했다. 불교가 삼한三韓에 전래된 것이 372년이었으니 1,500여 년이 흐른 조선에 이르기까지도 이 땅에서 불교는 이방의 종교일 뿐이었다. 낙양 용문석굴과 같은 화려한 불교문화가 당 제국에서 이룩되었음에도, 불교가 국교라는 고려시대가 지났음에도 불교는 여전히 이방의 가르침이라는 꼬리표를 떼어내지 못했다. 그럼에도 어떻게 불교는 전통의 이름으로 지금껏 자리 잡을 수 있었을까? 이 땅의 사람들은 잘 알지 못했지만 근대에 들어서며 기독교와 서구 문물의 바람이 이 동녘 땅에

불어 닥쳤을 때에야 비로소 불교가 얼마나 전통의 시스템에 맞게 진화되었는지 알게 되었다. 너무 쉽게 불교가 전통이라고 말하고, 또한 전통이기에 따라야 한다고 말하는 사람이 있다면, 그는 이방의 종교가 한국의 전통이 되기까지 피땀을 흘린 많은 고승들과 불자들의 노력을 과소평가하는 것이다. 이제는 그렇게 일궈낸 한국불교가 세계로 나아가려 한다.

해인사, 불국사·석굴암에 이어 한국의 산사 일곱 곳이 유네스코 세계유산으로 등재되었다. 한국불교가 이제 한 민족의 전통에만 머무르는 것이 아니라 세계의 전통과 문화로 자리 잡아가고 있음을 보여주는 것이다. 지금으로부터 2,500년 전 석가모니 부처님에 의해 인도에서 일어나 타클라마칸 사막과 중국 대륙을 거쳐 우리에게 이르기까지 세계를 풍미한 불교, 그중에서 특히 대승불교는 마치 비잔틴 제국이 그리스·로마 문화의 마지막 집합체였던 것처럼 한반도에서 긴 세월 동양사상의 압축된 형태로서 고이 간직되어 있었다. 스리랑카나 미안마, 그리고 태국의 상좌부불교, 혹은 티베트의 탄트라 밀교 역시 그러한 역할을 자처했지만, 너무 원형에 집착하거나 극단적인 변화를 이끌어왔던 것에 비해 대승불교는 석가모니 부처님 가르침의 원형을 잘 간직하면서도 더욱 보편화될 수 있는, 그래서 공유되기 쉬운 형태로 진화해 왔다. 이제 우리가 간직했던 그 보물을 세계에 환원할 차례인 것이다.

특히 앞서 세계유산으로 지정된 해인사, 불국사·석굴암이 기록문화재의 각별한 가치로서, 또는 위대한 예술적 가치로서의 의미에 방점이 찍혀 있다면, 이번 일곱 산사의 등재는 불교 그 자체를 담고 있는 그릇, 일종의 불교문화 총체적 성격으로서의 의미를 인정받은 것이어서 더욱 뜻깊다. '산사山寺'라는 특별한 의미는 어떻게 보면 한국인에게는 너무 당연한 문화이다. 청정한 곳을 찾아 수행하는 승려들에게 산은 적합한 장소였을 것이고, 반면에 도시는 세속에 물든 공간으로 치부되어 왔기 때문이다. 그러나 막상 부처님은 굳이 산으로 들어가라 말씀하시지 않으셨다. 원천적으로 불교는 대중의 보시에 의지하고 있었기 때문에, 대중들이 머무는 곳, 즉 도시나 마을을 완전히 떠나있을 수 없었다. 흔히 산, 혹은 숲에서의 수행을 의미하는 '아란야aranya' 수행이 곧 산사에서의 수행을 뜻하기도 하지만, 아란야 수행은 부처님 당시에는 특별한 조건을 갖춘 사람들에 한해 부처님의 허가를 얻어 숲에서 하는 수행이었다. 석가모니 부처님 자신은 결코 세상이 오염되었다는 이유로 중생을 떠난 적이 없었다.

그런 의미에서 산사의 기원은 영축산 설법에서 찾아야 할 것이다. 영축산은 세상을 피해 들어간 산이 아니었다. 오히려 아무런 제약이 없이 신분의 귀천을 떠나 누구나 모일 수 있는 곳이었다. 기독교의 예수께서 설한 설법 중에 가장 소중하고 유명한 설법이 산상수훈이었고, 그때의 산 역시 세상을 등진 산이 아니라, 세상의 모두를 품을 수 있는 공간으로서의 산이었던 것처럼, 영축산도 그러한 장소였다. 부처님은 지식의 유무, 신분의 귀천에 무관하게 누구나 부처님 앞으로 나와 불법의 길을 걷기를 권하셨는데, 만약 그 나오라는 장소가 궁궐이나, 귀족의 집이거나, 군대의 주둔지라면, 어떻게 노예계급이었던 수드라나 불가촉천민인 달리트에 속한 사람이 마음 놓고 부처님 앞에 나설 수 있었을 것인가? 그나마 도심 속에서는 공회당 같은 곳을 빌려 중생을 모으거나 광장을 이용하기도 하셨는데, 지금으로 말하자면 공설운동장을 빌려 집회를 하거나 공용주차장을 이용해 마을행사를 여는 것과 비슷하다. 이런 공간은 비교적 개방된 공간임에도, 그곳에 모인 사람들은 끝내 자신의 신분을 버리지는 못했을 것이다. 그러나 산은 어떠한가? 대통령도, 대기업 회장도, 유명 정치인도 산에는 걸어서 오른다. 평범한 사람들도, 때로는 가진 것 없는 사람들도 모두 함께 걸어서 오른다. 그렇게 산행길에 만나다보면 누구나 보통의 사람임을 알게 되는 것이야말로 산이 품는 미덕이 아닐까? 그래서 성인들께서는 마치 자신이 중생을 평등하게 바라보는 것처럼, 중생들도 서로 평등하게 바라보기를 바라는 마음으로 산으로 모이라 부르신 것이다.

그곳에서 행해진 설법은 더더욱 보편적이다. 당시의 엘리트 지식인으로부터 일자무식인 천민까지 다 모였기 때문에 어느 누구에게만 맞춰 설법하실 수 없었다. 그래서 엘리트가 들어도, 일자

무식인 자가 들어도 모두에게 공감되는 설법을 행하신 장소가 모두 산이다. 예수의 산상수훈과 마찬가지로, 부처님의 영축산 설법도, 특히 그중에 널리 알려진《법화경》도 이처럼 누구나 알아들을 수 있는 쉬운 말로써 깨달음의 요체를 짚어낸 명강이었다.

실제 산사 중의 일부는 산 정상 아래 높은 곳에 절경을 자랑하며 자리 잡기도 했지만, 세계유산에 등재된 일곱 산사는 산 중턱 높은 곳에 있지 않다. 신령한 산과 세속의 도시 그 경계에 있었다고나 할까. 이와 같은 산들이 대부분 지금까지도 많은 등산객들이 찾는 명산이고, 산을 좋아하는 사람이라면 호연지기를 기를 줄 아는 사람이기에, 산사는 그 길목에 앉아 이들과 소통하기를 기다리고 있다. 이제 막 세상에 나아가려는 어린아이로부터, 이제 막 세상을 알아가려는 어른과, 이제 막 세상 속에서 즐거움을 찾은 어르신에 이르기까지 이들 산사로 가는 길은 너무 멀거나 험하지 않다.

이 책에서 다룰 산사들은 한국불교의 다양한 면모를 나눠 지니고 있다. 그렇기에 언뜻 이들 산사의 공통점이 무엇인지 찾기 어려울 수도 있다. 더 많은 사찰이 세계유산으로 등재되었다면 좋았겠다는 아쉬움을 지닌 분들도 계실 것이다. 그러나 세계유산으로 등재시키기 위한 여러 가지 물리적 공덕의 한계상 최대치가 아마 이들 산사가 아니었나 생각한다.

이 사찰들을 중심으로 한국불교가 지닌 진정성, 다양성, 특수

성, 보편성, 융합성, 역사성을 두루 유기적으로 살펴보고자 한다. 이러한 요소들은 사찰들에 두루 복합적으로 퍼져있다. 어디 일곱 산사뿐일까. 다만 이번 등재된 이들 사찰의 이야기를 읽어내려가면서 궁극적으로 이러한 요소들이 이들 사찰에만 국한된 것이 아니라 한국의 모든 사찰에 해당되는 요소임을 발견하시게 되기를 바랄 뿐이다.

차례

通度寺

통도사

동쪽에 솟아오른 영축산

1—
진신사리와 자장율사

2,500여 년 전 어느 날 밤, 인도 북부의 시골마을 쿠시나가르에서 위대한 사문沙門 석가모니 부처님께서 적멸에 드셨다. 직전에 부처님께서는 다비茶毘 후 불탑을 쌓아 사리를 봉안할 것을 당부하셨는데, 당시 인도의 8대 강국이 서로 부처님의 사리를 모시고 싶어 했기 때문에 자칫 그 작은 시골마을은 전쟁터가 될 뻔했다. 다행히 한 바라문의 중재로 이들 여덟 나라가 부처님의 사리를 골고루 나누어 가지고 돌아가 모두 여덟 개의 탑을 세울 수 있었는데, 이를 '사리팔분舍利八分'이라 한다. 진정한 의미에서의 불교미술은 여기서 시작되었다.

8개의 탑으로 나뉘어 봉안되었던 사리는 석가모니 열반 후 100여 년이 지나 인도를 통일한 아소카왕 때에는 8만 4천 개의 탑으로 나뉘어 모셔졌다. 이렇듯 부처님의 진신사리를 모신 스투파(탑)는 모든 사원의 중심이 되었고, 만인의 경배 대상이 되었다. 불교는 세계 곳곳에 부처님의 무덤을 두고 있는 특별한 경우다. 그러나 인도 바깥의 나라들, 예를 들어 중국이나 한국에서는 부처님의 진신사리를 구하는 것이 결코 간단한 일이 아니었다. 중국의 진신사리 중에서 가장 유명한 서안

부풍扶風 법문사法門寺의 불지사리佛指舍利는 아소카왕의 불교 포교단이 가지고 온 것이라고 전한다. 어떤 사찰에 부처님의 사리로 인정되는 사리가 모셔져 있다면, 그것이 바로 진신사리라며 각별한 예로 모시고 있으니, 불교에서 진신사리에 대한 경배는 매우 신성하다. 이처럼 부처님의 육신이 세계에 흩어져 있는 가운데 그 대표적인 한 곳이 바로 통도사通度寺 금강계단金剛戒壇이다.

불佛· 법法· 승僧 삼보三寶를 상징하는 사찰은 각각 통도사, 해인사, 송광사이다. 통도사가 부처님을 상징하는 불보사찰인 이유는 진신사리가 모셔져있기 때문이다.

물론 통도사 금강계단 말고도 우리나라에는 진신사리가 모셔진 곳이 있다. 그럼에도 통도사의 진신사리가 각별한 것은 출처가 분명하고, 오랜 기간 전해져 내려오는 동안 뒤바뀌거나 하지 않았던 덕분이다.

《삼국유사三國遺事》에 의하면 통도사의 진신사리는 신라시대 자장율사慈藏律師가 중국 오대산五臺山의 문수보살로부터 직접 전해 받은 것이라고 한다. '오대산'이란 이름은 부처님이 자주 머물렀던 인도 마가다국 왕사성을 둘러싸고 있던 다섯 개의 산을 지칭하던 이름인데, 다른 이름으로는 청량산, 영축산이라고도 했다. 따라서 우리나라 평창의 오대산이나, 통도사가 위치한 영축산, 혹은 봉화의 청량산은 사실 모두 같은 이름에서 유래했다.

《삼국유사》〈대산오만진신臺山五萬眞身〉에는 이때 받은 사리가 석가모니의 두골, 즉 정수리 뼈 사리 한 점이었고, 그 밖에 석가모니 부처님의 가사와 발우도 받아왔다고 기록된 반면 〈전후소장사리前後所將舍利〉에서는 두골사리 외에 어금니사리를 포함 100과의 사리라고 하여 내용상 차이가 있다.

자장율사는 신라로 귀국한 후 이 진신사리를 세 군데에 나눠 봉안하셨는데, 경주 황룡사 9층목탑, 울산 태화사, 그리고 646년에 세운 양산 통도사였다. 《삼국유사》〈탑상塔像〉편에 의하면 중국 오대산 태화지에서 만난 용의 부탁으로 황룡사와 태화사에 진신사리를 봉안한 것이었다. 그리고 양산 통도사는 불교의 율장을 가르치기 위해 세운, 말하자면 신라 최초의 불교대학이었던 셈인데, 이를 기념하기 위해 진신사리를 모셨던 것으로 생각된다. 더불어 오대산의 상원사, 영월의 법흥사, 정선의 정암사, 설악산 봉정암의 네 곳도 진신사리 봉안처로 널리 알려져 있는데, 통도사와 합해서 이를 우리나라의 5대 적멸보궁寂滅寶宮이라고 한다.

'통도사'라는 이름의 유래는 이 절이 위치한 산의 모습이 부처님이 설법하던 인도 영축산의 모습과 통하였기 때문(此山之形通於印度靈鷲山形)이라고 한다. 통도사 뒤편 영축산은 인도의 영축산처럼 정상부의 바위가 독수리 머리 같은 독특한 자태

天王門
不二門

를 드러내고 있다. 이것이 지금의 통도사가 자리 잡게 된 원인이었다.

2—
의도된 질서, 삼원三院

통도사는 동서축으로 길게 늘어선 가람배치를 하고 있다. 흔히 한국의 산사는 자유로운 가람배치를 하고 있다고 평가들 하지만, 단지 산사는 지형에 따라 그 축선이 조금 휘어있는 정도이다. 그럼에도 불구하고 산사를 방문했을 때 엄격한 가람배치를 느끼지 못하는 것은 그 질서를 의도적으로 보이지 않게 숨겨두었기 때문이다. 때로는 건물의 배치를 비대칭으로 한다거나, 축선을 휘게 하여 질서를 드러내지 않는 가람배치라는 점은 한국 산사의 공통점이지만, 숨기는 방법에는 각각의 사찰마다 독특한 특징이 있다.

통도사는 일주문을 지나 천왕문을 통과하면 차례로 하로전下爐殿, 중로전中爐殿, 상로전上爐殿의 세 구역을 지나게 된다. 각각의 원院 하나하나도 독립된 사찰의 기능을 할 수 있는 구조인데, 서로 유사한 배치를 보이면서도 다양한 형태와 기능을 하고 있다. 말하자면 세 개의 사찰이 모여 하나의 복합체를 형성하는 것이다. 이런 배치는 인도의 날란다 대학이 여러 개의 승원을 횡으로 연결시켜놓은 구조와 유사하다. 그리고 그 궁극은 결국 진신사리를 모신 금강계단으로 나아가는 길이다.

1) 일주문과 천왕문

통도사의 입구를 처음 알리는 것은 당간幢竿이다. 당간은 보통 나무로 만들어지는데 반해 통도사 당간은 돌로 만들어졌기 때문에 아직 남아 있다. 이렇게 돌로 만들어진 거대한 기둥을 보고 있으면 인도의 아소카왕 석주가 떠오른다. 아소카 석주 위에는 보통 사자가 올라가 있고, 우리의 당간 위에는 용이 올라가 있는데, 사자와 용은 모두 왕을 상징한다는 의미에서 부처님을 정신적 세계의 법왕으로 인식했음을 보여주는 흔적들이다.

당간을 지나 일주문에 이르면, 다른 절에는 없는 돌기둥 두 개가 서있다. 거기에는 다음과 같은 글귀가 새겨져 있다.

> 異姓同居必須和睦
>
> 方袍圓頂常要淸規
>
> 다양한 사람들이 모여 살지만
>
> 반드시 화목할 것이며

사천왕

가사 입고 삭발했으니

항상 그 규율을 따를 것이다

이것이야말로 '인류는 서로의 풍습과 생활에 대한 무지로 너무나 자주 전쟁을 일으켜왔다. 인류의 지적 도덕적 연대 위에 평화를 건설하지 않으면 안 된다'는 골자의 유네스코 헌장의 축약판이 아니겠는가.

기둥을 지나 흥선대원군(1820~1898)이 쓴 '영축산통도사' 편액과 해강 김규진(1868~1934)이 쓴 '불지종가佛之宗家 국지

대찰國之大刹' 주련이 걸린 일주문은 당시 통도사의 위상을 보여줄 뿐 아니라 글씨를 통해 건축의 의미를 부여하는 독특한 동양건축 특징을 보여준다. "불교에서는 종가요, 국가에선 으뜸 사찰이라"는 두 문장으로 통도사를 요약한 셈이다.

다음으로 만나는 천왕문은 19세기에 세워진 것으로 보인다. 이들 사천왕은 물리적으로는 사찰의 전각을, 그리고 정신적으로는 사찰에 담긴 불법을 수호하는 역할을 한다. 천왕은 각각 비파, 탑과 보당, 용과 여의주, 그리고 칼을 들고 있는데, 이는 조선 후기 사천왕의 일반적인 법식이다. 옷자락을 휘날

리며 서있는 이들 천왕들은 방금 천상에서 내려온 듯 생동감이 넘친다. 사천왕은 여러 사찰마다 유사한 모습이지만, 사천왕이 밟고 있는 형상들은 다양하다. 통도사는 하나만 악귀이고, 나머지는 관복을 입은 관리의 모습인데, 혹 기울어져가던 조선의 운명을 걱정하던 사람들이 당시 정치를 제대로 하지 못했던 관리들을 비판한 것은 아닐까 생각한다.

2) 하로전

통도사의 가람배치는 하로전, 중로전, 상로전의 3원으로 구성되어있다고 했는데, '로爐'란 향로를 의미하고 이는 곧 부처님에 대한 공양을 의미하기 때문에 각각 3단으로 나뉘어 부처님께 공양을 올린다는 상징이다.

천왕문을 지나면 가장 먼저 하로전 영역으로 들어선다. 세 개의 원은 전체적으로 동서축선이라 동쪽에서 서쪽으로 진입하게 되지만 각 영역의 중심 축선은 남북축선이므로 결국 옆으로 들어가는 셈이다. 하로전은 중앙에 삼층석탑을 두고 네 채의 전각이 둘러싼 형국인데, 북쪽에는 영산전靈山殿, 동쪽에는 극락전極樂殿, 서쪽에는 약사전藥師殿, 남쪽에는 만세루萬歲樓가 자리 잡고 있다.

1714년 세워진 영산전은 석가모니 부처님의 영축산 설법을 상징하는 공간이다. 영축산은 부처님이 가장 많은 설법을 행했던 곳으로 유명하며 특히 《법화경法華經》을 이곳에서 설하셨다. 영산전 벽면에는 다양한 벽화들이 남아 있다. 그중에서 《법화경》〈견보탑품〉을 그린 벽화는 영산전이 거대한 《법화경》 그림책이었던 흔적을 보여준다. 더불어 석가모니 부처님의 삶을 묘사한 《석씨원류응화사적》을 소재로 한 벽화들 역시 18세기 벽화의 양상을 보여주고 있다. 탱화와 달리 벽화들은 건물을 수리하면서 벽체와 함께 사라지는 경우가 많은데, 이처럼 제자리를 지키고 있는 벽화는 매우 드물다.

전각 안에는 벽화와 함께 석가모니의 일생을 여덟 장면으로 묘사한 〈팔상도八相圖〉가 걸려있다. 이 여덟 폭의 그림을 보통은 불상을 중심으로 좌우에 4폭씩 걸게 되는데, 이곳에서는 불상을 동쪽 한 켠으로 옮겨 봉안한 대신 건물 정면에 여덟 폭을 나란히 걸어서 마치 거대한 병풍이 펼쳐진 듯 장쾌한 장면을 연출한 점이 독특하다. 그래서인지 보통의 전각은 불상이 '주主'인데 여기서는 불화가 주인공이다.

영산전 앞에는 약사전과 극락보전이 서로 마주보고 있는데 좌우 대칭으로 놓였으면서도 지붕의 형태가 맞배지붕과 팔작지붕으로 서로 비대칭이라는 점이 눈에 띈다. 영산전이 더욱 큰 규모인 것에 비해 극락·약사전은 규모를 줄여 그 위계를 구분하면서도 지붕의 모양으로 다시금 극락·약사전의 개성을 드러내니 공간이 다채롭다. 두 건물이 향하는 방향 또한

영산전 《법화경》 〈견보탑품〉 벽화

특이하다. 극락전은 서방극락정토의 아미타불을 모신 전각이고, 약사전은 동방유리광정토의 약사불을 모신 전각인데 극락전이 동쪽, 약사전이 서쪽에 있다. 이는 서방을 상징하는 부처를 서쪽에 모시는 것이 아니라 서쪽을 바라보게끔 모시는 것도 하나의 법식일 수 있음을 보여준다. 이처럼 약사전과 극락보전을 서로 마주보게 배치한 것은 이 두 부처님의 종교적 의미와 연관이 있다. 즉, 약사불은 사람들을 치료해주시는 부처님이고, 아미타불은 죽은 사람을 극락으로 데려가는 부처님이다. 아프거나 늙어서 문제가 생기면 어떻게든 약사부처님께 치료해주십사 기도하지만, 그럼에도 불구하고 세상을 떠나게 된다면 극락왕생을 기원해야 하기 때문에 이 하로전 영역에는 약사전과 극락전이 함께 있다. 마치 종합병원과 장례식장이 함께 있는 것과 비슷한 원리다.

극락보전에 걸려있던 아미타후불탱의 진작은 현재 성보박물관에 걸려 있다. 보통은 아미타불의 좌협시가 관음, 우협시가 세지보살인 것에 반해 통도사 아미타후불탱은 좌우가 바뀌어있다. 이것도 혹시 극락보전의 위치가 서쪽이 아닌 동쪽에 놓였기 때문에 그에 따라 좌우를 반대로 그린 것일까? 여하간 전각과 불화의 관계를 치밀하게 고려하여 설계한 것임을 엿볼 수 있어 전통적인 설계원리가 무엇이었을지 다시금 고민하게 만든다.

극락전 반야용선도

극락보전의 뒷벽에는 〈반야용선도般若龍船圖〉 벽화가 그려져 있다. 반야용선은 죽은 사람의 영혼을 극락세계로 태워가는 배인데, 이 그림은 대승불교의 이념을 가장 아름답게 보여준다. 앞은 관음보살(혹은 인로왕보살), 뒤는 지장보살로서 대승불교에서 보살의 역할을 아주 분명하게 보여주는 장면이기도 하다. 또한 반야용선이란 이름은 반야와 용선이 결합된 말이다. 이는 반야바라밀다, 즉 '지혜(반야)로서 깨달음의 세계로 건넌다(바라밀다)'와 같은 뜻이다. 결국 반야용선은 대승불교의 핵심개념인 '반야바라밀다'를 시각화한 것이다.

하로전 남쪽의 만세루는 원래 사찰 중심 영역으로 들어가는 문루 역할을 하지만, 여기서는 누각이 아닌 팔작지붕 전각으로서 강당 역할이다. 대신 그 옆에 있는 2층의 범종루가 하로전 남쪽 영역의 정면성을 가지고 이들 건물이 둘러싼 공간을 독립된 공간으로서 완결시키고 있다.

혹자는 통도사가 삼원가람의 큰 영역을 갖추게 된 것은 조선시대에 와서의 일이라고 한다. 그러나 한편 하로전 가운데 놓인 삼층석탑은 통일신라시대의 양식이다. 따라서 이 석탑이 위치를 옮긴 것이 아니라면 하로전은 최소한 통일신라시대에도 이미 가람의 중요 부분으로 형성되어 있었을 가능성이 크다.

3) 중로전

하로전 서쪽 불이문不二門은 중로전으로 들어서는 경계이다. 보통 사찰에서 본격적인 예불 영역으로 들어서는 곳임을 알리는 문이다. 선종 사찰에서 주로 볼 수 있는 이 문은 산사에서는 대부분 만세루와 같은 누각으로 발전했지만, 여기서는 전각 형태의 문으로 남아있다. 평소에는 가운데 큰 문만 열어놓지만, 원래는 태극 문양이 그려진 양측 칸도 벽이 아니라 여닫을 수 있는 문이다. 이 문을 다 열어놓으면 마치 덕수궁이나 경복궁처럼 궁궐로 들어서는 문을 닮았다. 그도 그럴 것이 더 안쪽에 있는 전각이 적멸보궁이라는 궁궐의 의미를 지니고 있으니 이런 독특한 문을 설치한 이유를 알만하다.

하로전이 탑을 중심으로 전각이 둘러선 형국이라면, 중로전은 남북축선에 전각이 일직선으로 배열되어 더욱 고전적이다. 앞에서부터 관음전觀音殿, 용화전龍華殿, 대광명전大光明殿의 순으로 배치되었는데, 뒤로 갈수록 전각이 더 커진다. 또한 관음전은 팔작지붕, 용화전은 맞배지붕, 대광명전은 다시 팔작지붕으로 변화를 주었는데, 관음전에서 살짝 비껴서 보면 이들 세 전각이 나란히 서있는 모습이 한눈에 들어온다. 뒤로 갈수록 전각이 커지기는 하지만 원근감으로 뒤의 전각이 아무래도 가려질 수밖에 없는데, 가장 안쪽의 대광명전은 중심에서 약간 벗어나 튀어나오게 배치함으로써 세 전각이 모두 보이도록 배려한 것이 눈에 띈다.

각 전각의 불단을 보면 관음전은 관음보살, 용화전은 미륵불, 대광명전은 비로자나불을 모시고 있다. 앞서 하로전에서 석가모니불, 약사여래불, 아미타불을 모신 것에 더하여 이제 미륵과 비로자나부처님, 그리고 관음보살까지 모셨으니 결국 통도사에는 거의 모든 부처님이 총망라되어 함께 공존하고 계신다. 조선시대 억불숭유 정책으로 '통불교적 성격'이라 하여 여러 사찰에 각각 모시던 부처님을 한 사찰에 몰아넣은 결과이기도 하다. 그러나 통도사에서는 여러 부처님이 아름답게 모여 계신 것을 보면 단순히 억지로 몰아넣었다는 느낌은 들지 않는다. 어쩌면 자장율사가 신라의 스님들에게 율장을 가르치기 위한 학교로서 세운 것이기 때문에 처음부터 이처럼 다양한 부처님들을 모시게끔 설계된 것이 아니었을까 하는 생각도 든다.

중로전에서 인기가 많은 것은 용화전 앞에 있는 봉발탑奉鉢塔이다. 이 발우는 석가모니 부처님이 열반에 들면서 나중에 올 미륵불께 전하라고 마하가섭에게 맡겨둔 것인데, 아마 미륵을 기다리는 마음을 용화전 앞에 발우를 놓음으로써 표현한 것 같다.

용화전에 봉안된 미륵부처님은 석불이다. 그것도 2m가 넘는 대작이다. 다른 전각에는 대부분 조선시대 목불이 모셔진 것과는 다르다. 조선시대에는 워낙에 석불이 잘 만들어지지 않았고, 특히 이렇게 큰 석불은 더더욱 귀하다. 상체가 길고 양감이 풍부한 모습이 고려시대 양식의 흔적으로 보이는데, 정확한 연대는 아직 밝혀지지 않았다.

대광명전에는 비로자나삼신불회도와 비로자나불좌상이 봉안되어 있다. 세 폭으로 구성된 삼신불회도 원본은 보물로 지정되어 박물관에 전시되고 있는데, 법신 비로자나불, 화신 석가모니불, 보신 노사나불을 그린 작품으로 화엄종의 핵심 도상임에도 그 사례가 많이 남아있지 않아 귀중하다.

중로전의 이들 세 전각은 서로 유기적인 관계를 지니고 있다. 전각이 일직선으로 배열된 사례는 많지만, 대부분 탑, 금당, 강당 등과 같이 기능을 달리하는 전각이 배열되는 것이 전통이다. 여기서는 불·보살을 모신 전각만으로 축선을 구성했다. 불교의 삼신三身 개념을 가람 안에 멋지게 구현해낸 공간이다. 그래서일까, 원래는 대광명전에 삼신불회도가 그려진 만큼 불상도 세 분이 모셔져야 하는데, 비로자나불 한 분만 모셔져있다. 이것은 화신으로서의 부처님은 용화전 미륵불로, 보신으로서의 노사나불은 관음전의 관음보살로 나투신 것이라 일부러 비워둔 것은 아닐까.

중로전의 세 전각

4) 상로전

중로전을 지나 드디어 상로전에 이른다. 상로전에서 가장 중요한 것은 진신사리를 모신 금강계단이지만, 공간적 중심은 상로전에 들어서면 시야에 우뚝 들어오는 대웅전이다. 그러나 이 전각은 동쪽에서 들어올 때는 대웅전이라는 편액을 달고 있지만, 중심 축선인 남쪽에서 바라보면 금강계단金剛戒壇이란 편액을 달고 있으며, 서쪽에서 바라보면 대방광전大方廣殿, 북쪽에서 바라보면 적멸보궁이란 편액을 달고 있어 이름이 무려 네 개나 된다.

제일 먼저 동쪽에서 보는 편액인 대웅전은 이 전각이 석가모니 부처님을 모신 전각임을 알려준다. 시계 방향으로 돌아 정면에서 보이는 금강계단의 편액은 이 전각 너머에 석가모니의 진신사리를 모신 금강계단이 있음을 알려준다. 그 맞은편, 즉 금강계단에서 바라보는 쪽의 적멸보궁 편액은 금강계단을 참배하는 사람들이 마치 2,500년 전 열반에 드신 석가모니를 지금 막 눈앞에서 뵙는 듯한 현재성을 느끼게 한다. 서쪽의 대방광전 편액은 맞은편 동쪽의 대웅전과 대칭이 되어 부처님께서 지상에 머무실 때는 큰 영웅(大雄)으로, 그리고 열반에 들어서는 법신의 큰 진리의 빛으로 나투심을 극적으로 보여주는 것 같다.

더불어 지붕의 형태도 왕릉 앞에 세워진 정자각丁字閣처럼

'정丁' 자 형태이다. 때문에 동, 남, 서쪽 방향에서 볼 때는 비교적 유사한 모습을 보게 되어 어느 쪽이 정면인지 규정하기 어려운 균등한 정면성을 지닌다. 부처님을 정신적 세계의 법왕으로 간주하고 왕릉에 준하는 정자각의 개념으로 금강계단 앞에 불전을 세운 것으로 추정된다. 또한 정자각 건축의 독특한 방향성을 이용해 돌아가며 서로 다른 편액을 달아 이 불전의 위용을 한층 더하고 있다는 점이 독특하다.

이 거대한 불전의 북쪽 너머에 금강계단이 있다. 부처님의 사리를 모셨으므로 탑이기는 하지만 그 모양이 일반적인 탑과는 다르다. 탑신 자체보다는 기단부가 훨씬 넓고 큰 이 독특한 형태는 이름 그대로 '단壇'의 모습이다.

금강계단은 수행자들이 계를 받을 때 사용되던 단인데, 넓고 평평하여 위에 올라갈 수 있을 것 같다. 하지만 통도사 금강계단은 단 위로 오르는 층계가 없다. 주변에 빙 둘러 앉거나 요잡繞匝의식(부처의 둘레를 돌아다니는 의식)을 통해 수계를 했던 것이 아닌가 생각된다. 통도사에는 1930년대에 금강계단에서 보살계를 수여한 증서가 남아있어 실제 수계의식을 이 금강계단에서 했음을 알 수 있다. 자장율사는 이렇게 수계의식을 할 수 있는 공식적인 단을 만들고 신라에서 체계적으로 승려를 배출하여 수준 높은 교단을 만들고자 했다.

진신사리를 모시면서 이처럼 둥그런 종처럼 생긴 석종石鐘

大方廣殿
鶴樹終談理未玄
응진전

통도사 금강 계단

형으로 탑을 세운 이유는 다른 탑과 달리 이곳에 모신 사리는 진정한 부처님의 사리라는 것을 분명하게 보여주려고 했던 의도로 읽힌다. 왜냐하면 이러한 형태의 탑이야말로 인도에서 부처님 사리를 모신 스투파 형태와 가장 닮았기 때문이다.

금강계단에 봉안된 통도사의 진신사리는 자장율사에 의해 처음 봉안된 이후 지금까지 비교적 온전하게 자리를 지키고 있지만, 그 역사가 결코 순탄한 것은 아니었다. 몽고와 화친이 이루어지고 강화도의 왕실이 개경으로 환도한 1264년 이후 원나라 사신들이 몰려와 이곳 금강계단에 참배했다고 한다. 1326년에는 인도에서 원나라로 들어왔던 고승 지공指空선사가 고려에 왔을 때 통도사에까지 방문하여 금강계단에 참배한 것은 금강계단이 그 당시부터 이미 세계유산이었음을 반증하는 기록이라 하겠다. 이어 1379년 고려 말에는 왜구의 약탈을 피해 진신사리 일부를 개경으로 반출하여 송림사에 봉안하기도 했고, 조선이 건국된 후에는 송림사 진신사리를 다시 한양의 흥천사에 옮겨 봉안하기도 했다.

진신사리 최대의 위기는 임진왜란이었다. 1593년에 사리를 탈취당했지만 사명대사의 포로 담판 때 함께 귀환하게 되어 다시 통도사에 봉안되었다. 이때 금강계단은 다시금 정비되고 1705년에도 재차 중수가 이루어지는 등 수많은 정성이 더해져 유지되어왔다.

도량석

《삼국유사》의 내용만 보자면, 이 사리는 자장율사의 환상 속에서만 진신사리일 수 있다. 그럼에도 수많은 외세가 이 사리를 탐냈고, 수많은 조상들이 이를 지키기 위해 싸웠다. 더 이상 이 사리가 석가모니 부처님의 진신사리인가 아닌가는 중요하지 않다. 통도사의 진신사리는 곧 한국불교의 역사 그 자체이고, 수많은 불자들의 염원과 기도가 배어있는 것이다.

시야를 넓혀 인도네시아 자바의 보로부두르 사원을 보면 마치 금강계단을 확대한 모습을 보는 것 같아 흥미롭다. 보로부두르가 연대적으로 보면 통도사 금강계단에 비해 후대에

통도사 금강계단

세워진 것이긴 하지만, 이러한 계단형 건축이 어떤 위상을 가지고 있는지 짐작하는 데 참고가 된다. 보로부두르 사원은 그것이 불교사원인지 탑인지, 혹은 왕의 무덤인지 의견이 분분하지만 그 역시 거대한 계단으로 볼 수는 없을까? 인도네시아의 세계유산이기도 한 보로부두르의 비밀은 한국의 세계유산 통도사 금강계단에서 그 해석의 실마리를 찾을 수 있을지도 모르겠다.

사찰에서 진신사리의 위엄을 보여주는 한 가지 특징은 불전에 불상을 모시지 않는다는 것이다. 통도사 대웅전, 아니 적멸보궁도 다른 전각들과 달리 안에는 어떤 불상도 모셔져있지 않다. 불단은 텅 비어있다. 대신 불단 뒤편으로 창이 뚫려 있어서 그 너머로 금강계단이 보인다. 우리들은 그 뚫린 공간을 통해 법당 안으로 밀려들어오는 금강계단에 예불을 드린다.

적멸보궁의 서쪽 연못은 통도사가 통도사이게끔 만든 전설의 시작이라 할 수 있다. 〈석가여래영골사리부도비〉에서 이 아름다운 연못은 용이 살던 연못이라고 기록했다. 문수보살의 화신이 용이 사는 이곳 연못을 찾아 진신사리를 안치하라 당부하신 바로 그 연못이다. 그런데 설화 속에는 용이 아홉 마리라는 이야기는 없지만, 이 연못의 이름은 '구룡지九龍池'이다. 이 작은 연못에 굳이 정성스레 다리까지 놓아 그 위를 오

명부전의 민화풍 벽화

가도록 한 이유는 또 무엇이었을까?

한편 금강계단 현판이 보이는 남쪽 뜰의 좌우에는 응진전應眞殿과 명부전冥府殿이 서로 어긋나게 배치되어 있다. 그중에서도 특히 주목하는 곳은 명부전이다. 지장보살과 함께 지옥에 떨어진 영혼들을 심판하는 시왕十王이 봉안된 곳이다. 통도사 명부전은 모든 벽체를 나무로 마감하고, 그 위에 민화풍 벽화를 그려넣어 눈길을 끈다. 무서운 지옥이 이들 천진난만한 전원풍의 민화들로 인해 그만 세상에서 가장 평화롭고 아름다운 지옥이 되어버렸다. 그러나 곰곰이 생각해보면, 이 지옥은 세상에서 가장 부처님 가까이에 있는 지옥이다. 그래서 진신사리의 영험함과 위대함으로 지옥마저 이렇게 아름답게 승화되었던 것이 아닐까?

3— 영각의 홍매화

통도사에서 잊지 않고 들려야 할 또 다른 전각은 영각影閣이다. 하로전에서 중로전으로 들어가는 불이문 옆으로 깊숙한 곳에 자리하고 있는데, 이곳에는 통도사를 거쳐간 여러 고승들의 진영, 즉 초상화를 모시고 있다. 통도사의 역사가 깊은 만큼 수많은 고승들을 모시기 위해 좌우로 길게 늘어선 건물이 되었다.

특히 영각 앞에 심어진 홍매화는 '자장매화'로 불리며 유명하다. 임진왜란으로 통도사가 불에 탄 후, 이를 중건하는 과정에서 자장율사의 진영을 모신 영각이 1643년 완성되었는데, 이와 함께 홀연히 이 홍매화가 꽃을 피웠다고 한다. 그 때문에 사람들이 자장율사의 마음이 깃든 매화라 하여 '자장매화'로 부른다.

통도사 금강계단. 자장율사라는 한 분의 불심에서 비롯되

자장매화

어 이 땅의 불자들은 물론 이웃 중국과 일본에서도 열망했던 진신사리. 그리고 불교의 원류 인도에서 그 명성을 듣고 찾아온 지공선사에 이르기까지 이미 오래전부터 세계유산이었던 이곳은 인류 문화사에 있어 가치의 창출이란 어떻게 이루어지는지 온몸으로 보여주고 있다. 나아가 적멸보궁을 비롯한 많은 사찰들의 진신사리도 그 근원을 캐어보면 결국 통도사 금강계단에서 비롯된 것이 대다수이니, 통도사의 세계유산 등재는 곧 이들 진신사리를 수장한 사찰들을 대표한 등재라 하지 않을 수 없다.

浮石寺

부석사

보드가야를 캐어 옮기다

1—
부석사와 의상대사

마왕 파피야스는 드디어 한밤중에 그의 마군들을 총집결하여 보드가야 숲에서 수행하던 한 사문을 쫓아내기로 결심했다. 수많은 수행자들이 그 숲을 들락거렸지만, 정말로 정각의 경지에 이를 것 같은 사람들은 일찍이 본 적이 없었다. 그러나 고오타마 싯다르타라는 청년은 달랐다. 만약 오늘을 넘긴다면 그는 기어이 깨달음을 얻고 세상 사람들을 구원할 것만 같았다. 하지만 그렇게 무서운 마군들을 모두 모았건만, 청년 하나를 당해내지 못하고 새벽이 가기 전에 모두 패하고 말았다. 그리고 태양이 막 떠오를 무렵, 그 청년은 이미 붓다가 되어 있었다.

보드가야 깊은 숲속에서 6년간의 고행을 포함하여 그간 고독하게 자신과 싸워온 석가모니 부처님은 결국 십이연기十二緣起와 중도中道를 깨닫고 보리수 아래에서 정각을 이루었다. 당시 보드가야는 밤이 되면 완전한 암흑이 찾아와 맹수라도 덤빌 것 같은 적막하고 무서운 공간이었을 것이다. 정각을 이루던 날 새벽에 석가모니를 쫓아내려고 몰려들었다던 수많은 마귀들은 보통의 30대 청년이었다면 느꼈을 고독과 공포를 엿보게 한다.

그런데 이 정신적 승리자 석가모니 부처님의 가르침이 동쪽으로 전파되어 실크로드 서역 남로의 호탄을 지날 무렵에는 이 깨달음의 장면이 조금 다르게 변화되었다. 인간의 눈에는 그저 청년 고오타마 싯다르타의 외로운 득도 장면이었겠지만 사실 그 순간 싯다르타의 주변에는 이루 헤아릴 수 없이 많은 타방세계의 부처와 보살과 천신과 천왕과 팔부의 무리가 모여 위대한 붓다의 탄생을 목격하고 찬탄하며 축하했다는 것이다. 또한 깨달음을 얻은 직후에 7일간 정좌하신 채 그 깨달음을 음미하신 것은, 실은 이들 타방세계의 여러 천신들의 청을 받아 전 우주를 돌아다니며 무려 일곱 곳에서 아홉 번에 걸쳐 무언의 설법을 하시기 위한 것으로 각색되었다. 그 이야기를 담은 경전이 바로《대방광불화엄경大方廣佛華嚴經》이다. 불교는 세계로 뻗어나갔고, 수많은 탑과 불상이 조성되었지만, 그 모든 것은 인도 보드가야를 지향하고 있었다. 석가모니 부처님 열반 후 100년쯤 지나 아소카왕은 성스러운 정각의 장소에 사당을 세웠으며, 보리수를 각별히 사랑했다. 석가모니 부처님을 상像으로 모시는 전통이 생긴 이후에는 마군들을 항복시킬 때의 모습을 담은 '항마촉지인降魔觸地印' 자세의 성도상이 모셔졌다. 특히《화엄경》이 대승불교를 대표하는 경전 중의 하나로 부각되면서 깨달음의 주요 무대가 되었던 보드가야는 최고의 성지가 되었고 세계의 불교도들은 보드가야를 방문하여 마치 석가모니 부처님께서 그러셨던 것처럼 깨달음을 얻고자 했다. 더 나아가 그들은 보드가야를 자신의 나라로 옮겨가고자 했다. 동아시아 끝단 신라에서는 그 거대한 이건 사업을 의상대사義湘大師(625~702)가 담당했다. 의상대사는 우리나라에 처음 화엄종의 기반을 확립한 분이다.

의상 스님은 출가한 후 얼마 안 있어 당으로 유학을 떠나기로 결심했는데, 처음에는 현장법사로부터 유식불교를 배우고자 했다. 현장법사는 인도에서 17여 년 동안 유학하셨던 만큼 인도에 정통한 분이었다. 의상 스님이 이러한 현장법사에게 배우려고 한 것은 곧 신라인으로서 인도불교에 대한 관심이 컸기 때문일 것이다. 비록 당에 도착해서는 종남산 지상사의 지엄智儼대사를 찾아가 전공을 화엄종으로 바꾸기는 했지만, 아마도 인도에 대한 무한한 동경은 변함이 없었으리라.

그러던 670년, 유학생으로서 승승장구하던 스님이 급하게 행장을 꾸려 신라로 돌아온 것은 당시 당나라에 볼모로 잡혀 있던 문무왕의 동생 김인문이 당나라가 곧 신라를 침공할 것이라는 첩보를 문무왕에 전해달라 비밀리에 부탁했기 때문이다. 혹자는 668년에 스승 지엄이 입적했기 때문에 어느 정도는 의상 스님이 귀국을 준비했다고 보기도 하지만, 어쩌면 의상 스님은 지엄의 뒤를 이어 화엄종의 3대 조사가 되었을지도 모를 정도로 화엄종단 내에서 평판이 높았다. 결국은 국제 정세가 스님을 그렇게 놔두지 않았던 것이다. 비록 의상 스님이 신라로 돌아오시는 바람에 3대 조사의 지위는 동문수학하던 법장法藏 스님에게로 돌아갔지만, 한국불교사의 입장에서 보면 의상 스님이 귀국한 덕분에 이 땅에도 화엄종이 열렸으니 행운이었는지도 모르겠다. 첩보를 전한 의상 스님은 아마도 조정으로부터 여러 보상의 제안이 있었겠지만, 마다하고 그길로 강원도 양양으로 향했고, 그곳에서 관음보살을 친견한 뒤 낙산사를 세웠다. 이는《화엄경》〈입법계품〉에서 선재동자가 28번째 선지식인 관음보살을 만난 것에 대한 오마쥬라 할 수 있다. 그 다음으로 화엄의 본무대를 펼칠 장소를 물색한 끝에 세운 절이 바로 영주 부석사浮石寺였다.

2—
화엄의 세계,
부석사

1) '부석'이라는 이름

의상 스님 유학생활에 있어 빼놓을 수 없는 인물이 선묘善妙 낭자다. 바다를 건넌 스님은 산동성 등주에 도착하여 신심 깊

겨울의 부석사

은 한 불자의 집에 묵게 되었는데 그 집주인의 딸이 선묘였다. 그런데 선묘가 그만 의상 스님께 연모의 정을 품게 되었다. 의상은 스님이었기에 이 사랑을 마다하고 스승을 찾아 종남산으로 떠날 수 밖에 없었지만, 대신 주인집의 호의를 완전히 거절하지는 못해 돌아가는 길에 반드시 한 번 들리겠다고 약조했다. 선묘는 아마도 단월檀越(사찰이나 승려에게 물건을 베푸는 불교 신자)로서 서안 종남산으로 떠난 스님을 위해 멀리서나마 경제적 지원을 하지 않았을까 생각된다. 그러다 의상 스님이 급히 귀국하게 되었을 때 등주를 지나기는 했지만, 워낙 상황이 급해 선묘의 집에 들리겠다는 약속을 지킬 수 없게 되었다. 이날만 기다렸던 선묘에게는 의상 스님이 매정해 보였겠지만, 나라의 운명이 걸린 중대사이니 어쩔 도리가 없었다. 그녀는 마지막 떠나는 모습이라도 보고 평소 챙겨둔 예물이라도 드리려고 급히 등주 항구로 달려나갔지만, 배는 이미 떠난 다음이었다. 이에 죽어서라도 의상을 따라가겠다고 바다에 몸을 던진 선묘는 결국 의상을 호위하는 용이 되었다고 한다.

우리나라에서 이 이야기는 그저 전설 정도로만 알려져 있지만, 출처는 중국의 《송고승전宋高僧傳》이다. 일본에서는 선묘의 헌신을 기려 이야기 그림으로도 그려져 일본 고잔지(高山寺)에 〈화엄종조사회전華嚴宗祖師繪傳〉이라는 제목으로 전하고 있으니, 지금으로 말하자면 한류 드라마의 원조였던 셈이다.

부석사 무량수전 옆에 있는 큰 바위

이렇게 용이 된 선묘는 부석사 창건에서도 중요한 역할을 했다. 원래 부석사 자리가 수행에 명당이었던 만큼 이미 외도들이 자리를 잡고 있었는데, 용이 이곳의 큰 바위를 공중에 띄워 외도들을 위협해 쫓아내면서 비로소 의상 스님이 절을 세울 수 있도록 했다고 한다. '부석浮石', 즉 '뜬 돌'이라는 절 이름은 바로 이렇게 선묘가 공중에 들어올렸다는 돌 이야기에서 나온 것이다. 부석사 무량수전 옆에 있는 큰 바위가 바로 그것이라고 전해진다.

2) 가람의 구성

태백산에서 이어져 서남쪽 끝에서 819m로 솟은 산이 봉황산이다. 부석사는 이 봉황산을 주산으로 하여 자리 잡았다. 태백산은 신라 오악五岳 중의 하나로 북악에 해당하는 곳이며, 그만큼 지정학적으로 중요한 곳이기도 했다. 의상 스님은 해동화엄을 펼치기 위해 부석사 외에도 '화엄십찰'이라고 하는 열 군데의 사찰을 세웠다. 모두 신라의 수도였던 경주가 아니라 외지에 골고루 세웠다. 이와 같이 산사가 대세로 자리 잡게 된 것은 어쩌면 의상 스님의 이 화엄십찰 구성에서 발전한 것이라 해도 과언이 아닐 듯싶다.

어느 정도 신라 왕실과 인연이 있던 의상 스님은 왜 경주 도심이 아니라 외지에 사찰을 세우고 머물렀을까? 애초부터 불교는 중생을 떠나서는 존재할 수 없다. 그럼에도 왜 절은 산으로 들어갔을까? 보통 원효의 불교는 민중불교로 인식되는 반면 의상의 화엄사상은 통일신라의 정치적 근간을 이루었다고 평가된다. 심지어 화엄십찰이 주로 국경지대에 위치했던 것에 대해서도 밖으로는 고구려 · 백제를 포섭하고 안으로는 신라 장병들의 사기를 고취하기 위한 방안이었다고 보는 경우도 있다. 그 때문에 의상 스님의 〈법성게法性偈〉 중 '일중일체다중일一中一切多中一 일즉일체다즉일一卽一切多卽一(하나 안에 전체가 있고 전체 안에 하나가 있으며, 하나가 곧 일체요 일체가 곧 하나)'은 신라의 왕권 강화 및 삼국통일의 사상적 근간을 제공했다고 늘상 인용되어 왔다. 그러나 실제 양상을 보면 원효 스님은 경주를 중심으로 활동했고, 왕실의 요석공주와 혼인도 했으니 신라의 핵심부에 있었다. 반면 의상 스님은 당나라에서 귀국한 후 부석사 등 주로 외지에 머물렀다. 의상 스님에게 산은 당나라 유학 때부터 매우 익숙한 수행도량이었을 것이다. 더불어 불교가 정치에 이용될 것을 우려했기 때문일지도 모르겠다. 또한 도시인들에게 최적화되었던 불교를 그간 소외되었던 모든 향촌의 중생들에게 전달하는 효과도 있었을 것이다.

혹자는 의상 스님이 처음에는 부석사를 규모가 크지 않은 암자 수준으로 세웠을 것이라고 보는 견해도 있다. 하지만 작은 암자로는 결코 의상 스님을 따르던 문도를 수용하지 못했을 것이다. 부석사 무량수전이 의상 스님의 의도 아래 세워진 모습이라면, 부석사의 주요 전각들과 거대한 석단도 의상 스님 당대에 이루어진 불사로 보아야 하지 않을까.

휘어진 축선 덕분에 뒤편 전각이 가려지지 않고 모두 보이는 부석사 전경

3—
부석사의 전각들

1) 범종루와 안양루

부석사는 산의 경사면에 아홉 단의 석축을 쌓아 건물을 세웠는데,《화엄경》의 7처9회 설법을 상징하는 것으로 보기도 한다. 장대한 축대마다 전각이 들어서 있었겠지만 중심축선상의 건물을 제외하고는 대부분 근래에 새로 지어진 것이다. 이 축대는 그 거대한 규모 때문에 '대석단'이라고 부른다. 언젠가 부석사를 답사하는데, 어떤 분이 이 거대한 석단을 계단으로 오르면서 "무릎이 아프면 극락도 못 가겠네" 하는 것을 듣고 웃었다. 그만큼 높고 가파르다. 이 석단 자체에 관심을 가지고 살펴보면 언뜻 자연석을 막 쌓은 매우 투박한 모습 같아도 사실은 최소한의 손질만으로 울퉁불퉁한 돌들을 원래 제짝이었던 것처럼 적재적소에 꼭 들어맞게끔 찾아서 쌓았다는 것을 알게 된다. 이 돌들 가운데 신라시대 석공들이 사용했던 쐐기 자국이 그대로 남아있는 것도 있다.

이러한 석단은 점차 다듬어진 형태로 발전해서 화엄10찰 중 해인사에서는 더욱 다듬어진 형태의 대형 석단으로, 이어 통일신라시대 불국사에서는 더욱 정교하게 짜 맞춘 형태의 석단으로 진화하는 것을 볼 수 있다. 산지가람은 경사면에 조성되기 때문에 이렇게 건물을 지을 수 있는 평지를 인위적으로 확보해가는 방식이 필수였고, 여기서 발전하여 축대 자체를 건축의 중요한 장엄적 요소로 생각하게 되었음을 보여준다.

석단 가운데로는 천왕문에서 무량수전으로 오르는 길과 계단이 뚫려있다. 언뜻 남북축선으로 된 길 같지만, 실제로는 범종루까지는 남서향이고 범종루를 지나서는 남향이어서 한 번 꺾어진 축선이다. 지형에 순응한 결과라고 할 수도 있지만, 전체 풍광을 보면 다분히 의도적이다. 일직선으로 배치했다면 앞에 있는 건물에 가려져 그 뒤에 있는 건물이 보이지 않았을 것이다. 지금처럼 축선을 휘어놓으면 안으로 들어오면서 보일 듯 말 듯 하면서도 가장 뒤에 있는 무량수전이 가려지는 일 없이 그 존재감을 드러낸다. 시각적인 배려이다.

이 축선 상에서 가장 먼저 눈에 들어오는 것은 범종루梵鐘樓이다. 앞은 팔작지붕이고 뒤는 맞배지붕인 것이 특징인데 18세기의 건축으로 추정된다. 원래 동양의 전통 건축은 옆으로 길게 놓인 개념이 보편적이다. 즉, 서양의 종교건축은 길쭉한 사각형 건물의 짧은 면이 정면이지만, 동양의 건축은 긴 면이 정면이 되어 넓은 전면부를 형성하는 것이 보통이다. 그런데 범종루는 팔작지붕의 박공이 보이는 측면이 정면을 향하고

부석사 범종루와 법고

있어 진입로 상에서 보면 건물의 좁은 측면이 정면이 된다. 왜 일반적인 누각식 건축처럼 긴 쪽을 정면으로 하지 않고 짧은 쪽을 정면으로 했을까?

부석사의 범종루처럼 장축 방향으로 진입하는 것이 일반적인 건축은 바로 다리다. 보통 다리를 건너려면 긴 축선 방향으로 진입하는데, 이와 같은 개념으로 생각해보면 범종루는 마치 다리처럼 앞으로 길게 돌출될 것을 고려한 구조이다. 마치 이승과 저승, 예토와 정토를 이어주는 다리 개념으로 이 누각을 설정한 것이 아닐까?

이와 함께 범종루를 받치고 있는 기둥들은 다듬지 않아 원래의 구불구불한 모습이다. 또한 위층은 바깥 기둥들만 있고 안에는 기둥이 없이 개방된 공간이다. 아래에는 마루를 받치는 기둥을 바깥 기둥보다 가는 기둥을 사용하여 차이를 두었다. 이 범종루 아래를 지나다보면 마치 숲속을 관통해서 지나는 느낌이 든다. 특히 느즈막한 햇살에 지나면 기둥들이 이루는 그림자가 마치 원시림을 방불케 한다. 석양의 그림자가 가장 아름답게 드리워지는 것은 이 범종루의 축선이 서쪽으로 치우친 남향이기 때문이다.

범종루를 지나면 안양루安養樓를 만난다. 누각 아래를 통해 법당 앞으로 나아가는 방식은 조선시대 사찰에서 흔히 볼 수 있지만, 부석사의 범종루, 안양루처럼 이중으로 배치된 누각

안양루

을 지나는 경우는 매우 특별하다. 안양루는 옆에서 보면 기둥 세 개가 측면을 이루는 2칸 건축인데, 한 열만 축대 위에 있고, 두 열은 축대 아래에 세워져 건물이 앞으로 돌출된 것을 강조하는 누각이다. 안양루의 '안양'이란 극락정토를 의미한다. 실제 이곳에서 눈앞에 펼쳐진 풍광을 바라보면 극락정토에 와있는 듯 아름다운 풍광이 펼쳐진다. 누각이 앞으로 돌출된 덕에 마치 공중에 떠서 보는 것처럼 풍광을 감상하기에 최적화된 공간이다. 원래 이와 같은 누각 건축은 양반들의 전유물이었지만, 점차 사찰에도 세워져 평민들도 이곳에 올라 풍광을 즐길 수 있게 되었다. 특정 계급에만 향유되던 건축이 모두를 위한 건축으로 변화한 것이다. 안양루에는 이곳에 올라저 멀리 소백산맥의 풍광을 보고 감흥을 읊은 시인 묵객의 글들이 현판으로 남아있다.

2) 무량수전

무량수전無量壽殿은 부석사에서 가장 유명하다. 고故 최순우 선생이 쓴《무량수전 배흘림기둥에 기대서서》라는 책의 제목 덕분이기도 하겠다. 그야말로 동양 전통건축의 최고봉이라 할 만하며, 거기다 우리나라에 몇 채 남지 않은 고려시대 건축물이다. 기록에 의하면 1376년에 수리를 했다고 하니, 실제 지어진 것은 이보다 훨씬 오래전 일이다.

불전의 형태는 아무런 장식도 없이 오로지 기둥과 대들보와 도리가 얼키설키 엮인 것에 불과하다. 그러나 구조물에 불과한 대들보나 기둥이 무량수전에서는 그 자체로서 완벽한 추상적 장식이 되어버렸다. 우선 무량수전은 정면 다섯 칸, 측면 세 칸의 팔작지붕이다. 이렇게 긴 건축물은 자칫 지루해보일 수 있지만 자세히 보면 다섯 칸의 간격이 조금씩 다르다. 어칸御間이라고 하는 가운데가 제일 넓고, 여기서 옆으로 갈수록 좁아져서 퇴칸退間이라고 하는 좌우 맨 끝 칸의 간격이 가장 좁다. 이렇게 좌우로 갈수록 칸을 줄이는 것은 고전건축에서 기본이기 때문에 굳이 무량수전만의 매력이라고 할 수는 없다. 그러나 무량수전에서는 마치 가운데 칸이 좌우를 힘으로 밀어내면서 차례로 옆으로 갈수록 압력을 받아 좁아진 듯한 느낌이 든다. 이는 단순히 옆으로 긴 것이 아니라, 안에서 바깥으로 확장되어 뻗어나가는 운동감을 느끼게 한다는 점에서 중요하다. 또한 지붕을 보면 마치 학이 날개를 펼친 것처럼 처마 끝이 가뿐하게 치켜 올라가 있다. 옛 건축물의 처마선이 대체로 아름답지만 이처럼 은은하면서도 강렬한 곡선은 참으로 눈에 띄는 경쾌함이다. 무량수전 동쪽 석탑이 있는 언덕에 올라 지붕선을 보면 얼마나 높게 치켜 올라갔는지 실감할 수 있다. 보기에는 가볍고 경쾌하게 치켜 올라가 있지만, 사실 벽면에서 바깥으로 뻗어나온 추녀의 무게는 그 뻗어나온 길이만큼이나 무겁기 때문에 그처럼 솟구쳐 오른 형태로 매달아놓으려면 구조적으로 상당한 힘을 감당해야 한다. 그래서 무량수전도 활주라는 가느다란 기둥으로 이 추녀를 받치고 있다.

다소 무리하다 싶을 정도로 추녀를 이렇게 길고 날렵하게 뽑아야 할 필요가 있었을까? 그러나 본디 동양건축과 서양건축의 가장 큰 차이점이 바로 이 처마 구조에 있다. 벽돌이나 돌을 주로 사용한 서양 건축과 달리 나무와 흙벽을 사용한 동양건축은 빗물에 약하기 때문에 처마를 길게 뽑아낸다. 무량수전은 특히 지붕을 넓게 펼친 덕분인지 모르지만, 1376년보다도 더 오래전에 세워져 지금까지 무사한 것은 결코 우연이 아니다. 또한 넓은 처마는 비 뿐 아니라 직사광선이 건물 안으로 들어오는 것도 막아 내부에 그림자가 지지 않으면서도 은은한 밝음을 머금도록 해주기도 한다. 그러나 무량수전 앞에 서면 이러한 '쓸모'라는 것은 전면에 드러나지 않는다. 그저 멋을 위해 일부러 꾸민 디자인적 요소처럼 다가올 뿐이다. 옆으로 팽창하는 수평적인 힘과 위로 날아오르려는 수직적인 힘이 서로 교차하면서 무량수전은 안정감 있으면서도 다이나믹하고, 장중하면서도 나비 같은 집이 되었다.

거기다 이 웅장한 건물을 받치는 기둥은 전체 규모에 비해 지나치게 굵지도 않고 가늘지도 않은 날씬한 모습이다. 그 위

무량수전 내부

에 올려진 공포를 보면 그 하나하나가 마치 한 송이 꽃을 보는 느낌이다. 즉 물리적으로는 엄청나게 무거운 지붕이 고작 몇 송이 꽃에 의해 떠받들어진 모습이랄까. 그래서 전혀 무게감이 느껴지지 않는다. 기둥을 보면 밋밋한 원통형이 아니라 중간에서 약간 아래로 내려오는 부분이 볼록하게 부풀어 있는 배흘림기둥(엔타시스) 양식이다. 왜 이렇게 기둥을 깎았을까? 시각적으로만 보면 마치 지붕이 위에서 아래로 내리누르는 힘 때문에 기둥이 눌려서 부푼 것처럼 보인다. 만약 기둥이 밋밋했다면 지붕이 내리누르는 힘이 기둥을 만나 단절된 느낌이 들었을지도 모른다. 다시 말해 압력을 기둥으로 끊어버림으로써 그저 기둥이 지붕의 무게를 애써 버티고 있는 모습이었을 테다. 그러나 여기서는 그 힘이 사라지지 않고 기둥에 담겨 마치 그 압력으로 부풀어 오른 것처럼 보인다. 그래서 오히려 그 압력으로 기둥이 다시금 지붕을 위로 밀어내는 힘을 보여주고 있다. 내리누르는 힘을 위로 솟아오르는 힘으로 표현하다니 얼마나 역설적인가. 그래서일까. 무량수전 안에 들어가면 그 어디서도 내리누르는 힘을 느낄 수 없다. 실상 그 무게를 느끼기는커녕 지붕이 마치 공중에 떠있는 것 같은 느낌마저 든다.

특히나 안에서 천정을 올려다보았을 때 기둥 위로 교차하는 장혀 같은 기다란 부재들의 간격이 천정 가까이 올라갈수록 좁아지는 모습이다. 그래서 마치 아래에서 위로 향하는 압력이 축차적으로 부재들을 밀어내고 있는 것처럼 느껴진다. 이 역시 물리적으로는 아래로 향하고 있는 압력을 시각적으로 위로 향하는 힘으로 바꾸어버렸으니 무량수전을 건축한 건축가는 구조설계자일 뿐 아니라 시각예술가라 해도 과언이 아니다.

무량수전은 아름답게 보이려고 꾸민 장식적 부재가 거의 없다. 오로지 구조적으로 힘을 받고, 힘을 옆으로 분산시키는 구조체로만 들어차있다. 이 구조체들 만으로 지붕을 공중에

무량수전 배흘림기둥 양식

떠있는 것처럼 만들었으니 이것이 무량수전의 가장 큰 장식적 요소이다.

무량수전 안에는 웅장한 부처님이 앉아계신다. 특히 보통의 법당처럼 건물의 정면인 남쪽으로 앉아계신 것이 아니라, 건물의 긴 축 방향인 서쪽에 앉아 동쪽을 바라보고 계신다. 동쪽 입구로 들어서면 깊은 공간감과 함께 부처님이 그 앞의 넓은 빈 공간을 지배하고 있는 것을 느끼게 된다.

이 본존불상은 흙으로 빚어 만든 소조불상으로 고려시대의 작품으로 보고 있다. 그런데 지금은 나무로 만든 불단에 가려져 보이지 않지만, 이 불단 안에서 통일신라시대 이전으로 올려볼 수 있는 석조 불단이 발견되었다. 그리고 아마도 소조상이어서 많은 보수가 있었겠지만, 의상 스님이 모신 불상의 원형을 크게 바꾸지는 않았을 것으로 보는 것이 중론이다.

이 불상은 오른쪽 어깨를 드러낸 상태로 가사를 걸친 편단우견偏袒右肩과 지신地神을 불러내기 위해 오른손을 무릎에 얹어 땅을 가리키는 항마촉지인 자세로 앉아있다. 이는 보드가야에서 깨달음을 얻는 그 순간의 석가모니 부처님을 나타내는 것이다.

그런데 무량수전은 아미타 부처님의 전각이다. 고려시대에 부석사를 크게 중창한 원융국사圓融國師(964~1053)의 비문도 부석사 본존불을 아미타불이라고 기록하고 있다. 더구나 비문에는 이렇게 부처님이 돌아앉아 계신 이유가 서쪽의 서방 정토에 계신 아미타불이 동쪽을 바라보고 계신 것을 형상화 한 것이라 했다.

그럼에도 불구하고 현재 무량수전에 모셔진 본존불상의 모습은 석가모니 부처님이 보드가야에서 동쪽 샛별을 보며 깨달음을 얻으셨을 때의 모습을 재현한 것으로 보는 것이 더 합리적이다. 앞서 언급한 바와 같이 의상 스님은 당나라에 머무는 동안 현장법사가 전하는 인도 소식을 접할 기회가 많았을 것이다. 더구나 현장법사가 보드가야의 항마성도상에 대해 자세히 기록했고, 이것이 당나라에서도 유행했기 때문에 화엄종을 배우던 의상 스님 입장에서도 분명히 이 도상에 많은 관심을 가지고 있었음이 틀림없다. 실제 항마성도의 무대였던 보드가야에 세워진 마하보디 사원에도 이와 똑같은 항마촉지인 자세의 부처님이 동쪽을 바라보는 방향으로 모셔져있다. 만약 부석사 무량수전을 보드가야의 마하보디 사원을 모델로 했다고 해석한다면 그 안의 본존부처님이 왜 동쪽으로 돌아앉아 계신지도 설명이 된다.

이렇게 정황상 보드가야의 석가모니 부처님을 표현한 것이 맞는데도 불구하고 아미타불로 전해지는 이유는 무엇일까? 근래의 해석을 정리하자면 이렇다. 고대 불교사원은 금당과 강당이라는 두 건물이 중심이 되었는데, 무량수전은 원래 석가모니불을 주불로 모신 강당이었고, 아마도 범종루와 안양루 사이에 아미타불을 주불로 봉안한 극락전이라는 금당이 한 채 더 있었다는 것이다. 그러다 고려시대 어느 시점에 왜구의 약탈과 방화로 인해 금당인 극락전이 불타버리면서 강당을 극락전 용도의 금당으로 사용하기 시작했던 것이 아닌가 추정해 볼 수 있다. 이때부터 석가모니 부처님이 급작스레 아미타불로 숭배되기 시작했던 것이 아닐까.

만약 이를 인정한다면, 부석사 무량수전 본존불은 석굴암의 본존불과 같은 항마촉지인 불상이 의상 스님에 의해 처음으로 우리나라에 소개된 사례인 셈이다. 이는 당나라 현장법사가 인도의 마하보디 사원의 항마성도상을 그대로 모방하여 보드가야를 중국으로 옮겨오고자 했던 것처럼, 우리는《화엄경》의 무대인 보드가야를 신라로 옮겨오고자 했던 의상 스님의 의도를 부석사를 통해 읽어볼 수 있다. 결국 부석사는 한국의 보드가야인 셈이다.

이런 배경을 이해하고 다시 부처님을 바라보자. 석굴암 본존불과 같은 도상이라지만 무섭게 생기셨다. 보통 부처님 얼굴을 칭송할 때 '자비롭다', '원만하다'라고 많이 하는데, 이 부처님 얼굴은 옅은 미소조차 없이 조금 화가 나신 듯하고, 호통을 치시는 것 같기도 하다. 극락에 앉아계신 부처님 모습은 아니다. 여기서도 오히려 마귀들을 제압하고 있는 긴장감있는 순간의 석가모니 부처님으로 보는 것이 설득력이 있다. 나아가 얼마전 왜구의 침탈로 가족과 재산을 잃은 고려시대 당시 이 지역 사람들의 마음을 헤아려보자. 과연 그들에게도 자비로운 부처님, 용서의 부처님이 필요했을까? 최소한 그때만큼은 그들과 똑같은 마음으로 왜구들을 미워하고 분노하는 부처님이 필요하지 않았을까? 지금 이 시대를 사는 사람들은 그저 아름답고 우아한 부처님만을 찾을지 모르겠으나, 생사가 오가던 시절을 살았던 사람들에게 종교란, 부처님이란 조금 다른 개념이었을 것이다. 마치 마군들을 항복시키셨던 것처럼 강력한 힘으로 왜구들을 항복시켜 주시길 간절히 염원했을 것이다.

때문에 부석사 무량수전 부처님의 분노와 호통은 우리를 향한 것이 아니다. 우리가 상처받고 그 앞에 섰을 때, 부처님께서 우리를 괴롭힌 대상들을 향해 우리만큼이나 분노하고, 그래서 그들에게 호통을 치고 계신 것이다. 우리를 괴롭히는 누구든 혼을 내줄테니 다 데려오라고, 염려 말라고, 우리를 위로하시는 듯하다.

한 가지 더 흥미로운 것은 마치 마하보디 사원 뒤에는 부처님이 깨달음을 얻기 위해 앉으셨던 유명한 금강보좌가 있는 것처럼, 부석사 무량수전 본존불의 뒤편에는 거대한 부석이 자리 잡고 있다는 사실이다. 비록 금강보좌와 부석은 이름은 달라도 석가모니 부처님과 의상 스님이 새로운 가르침을 펼치는 데 있어 단단한 기초가 되었다는 점에서 이 둘은 서로 무관하지 않은 듯하다.

3) 조사당

부석사가 보드가야를 벤치마킹한 것이라면 빠져서는 안 되는 것이 있다. 바로 금강보좌에 드리워져 있던 보리수다. 보리수만큼 크고 웅장한 나무는 아니지만, 부석사에도 유서 깊은 나무 한 그루가 있다. 무량수전 옆 삼층석탑을 돌아 고즈넉한 산길을 따라 올라가면 만나는 조사당祖師堂 앞에 심어진 '선비화禪扉花'라는 나무다. 의상 스님이 입적하면서 꽂아둔 지팡이에서 싹이나 도로 나무가 된 것이라 한다. 원래는 골담초라는 나무인데, 보기에는 가냘프지만 무려 1,350여 년을 살아온 나무다. 이름부터가 '선으로 들어가는 나무', 즉 깨달음의 나무이니 그야말로 보리수가 아닌가.

조사당은 의상대사를 기리는 전각인데, 무량수전과 마찬가지로 우리나라에서 매우 귀한 고려시대의 건축으로 정면 3칸에 측면 1칸의 단촐한 규모다. 그러나 규모는 작아도 원래 동아시아에서 정면 3칸 건물은 사당 건축의 전형이었다. 이런 세 칸의 사당 건축에서 옛 사람들은 더욱 경건함을 느꼈다. 말하자면 조사당은 부석사라는 화엄 종가의 사당인 셈이다. 이

조사당과 그 앞에 자란 선비화

조사당 안에 그려진 벽화들은 드물게 현존하는 고려시대의 그림들인데, 원본은 현재 성보박물관에 전시되어 있다. 사천왕, 범천, 제석천 등으로 구성된 존상들은 원래 부처님의 호위 신중으로 등장하던 권속들이지만, 여기에 그려진 것을 통해 의상대사를 그야말로 부처님에 준하는 존재로 모셨음을 짐작할 수 있다.

4) 삼층석탑

조사당에서 내려오는 길에는 올라갈 때 지나쳤던 삼층석탑

봄의 부석사

앞에서 부석사 앞에 펼쳐진 풍광을 조망해야 한다. 이 석탑이 언제 여기 세워졌는지에 대해서도 의견이 분분하다. 혹자는 이 탑은 원래 이 자리에 세워진 탑이 아니라고 하고, 혹자는 무량수전 본존 부처님이 바라보는 방향에 의도적으로 세워진 것이라고 하기도 한다. 통일신라시대의 석탑이라고는 하지만 석탑의 양식으로 보아 의상 스님 당시의 것은 아닌 듯하다. 탑이 서있는 이 장소는 다소 어정쩡한 것 같지만, 범종루를 지나자마자 올려다보면 안양루를 사이에 두고 마치 무량수전과 석탑이 좌우에서 서로 대응하고 조우하듯 균형을 이루고 있어 치밀한 계산 하에 탑이 놓였음을 짐작케 한다. 무량수전 본존불이 바라보는 위치에 서있는 탑은 어쩌면 석가모니가 깨달음을 얻으실 때 보았던 샛별의 상징이 아닐는지.

특히 이 탑 앞에서 바라보면 무량수전과 안양루와 범종루의 지붕선이 연이어 달리는데, 마치 저 멀리 소백산으로 향하고 있는 것 같아 부석사의 뷰포인트로 알려져 있다.《화엄경》에서 부처님의 깨달음을 찬탄하기 위해 몰려들었다는 온 우주의 백만억 불보살들과 천신들은 저런 모습을 염두에 둔 것이었을까?

의상 스님은 이런 산속에 화엄세계를 건설하고 있었지만, 막상 문무왕이 도성을 새로 건설하겠다고 하자 편지를 써 백성들을 수고롭게 하지 말 것을 부탁하는 등 현실세계에 결코 무관심하지 않았다. 하루는 동문수학하던 중국 화엄종 3대 조사 법장이 보낸 우정 어린 편지를 받기도 했다. 또 얼마나 많은 편지가 이 부석사를 오갔을까. 《삼국유사》에서 일연 스님은 의상 스님을 다음과 같이 찬했다.

> 숲길 헤치고 바다 건너 흙먼지를 지나니
> 지상사의 문이 열려 이 보배를 맞이했네
> 화엄을 통째로 캐어다가 우리 땅에 꽃피우니
> 종남산과 태백산이 일시에 봄을 맞이했네
>
> 披榛跨海冒煙塵 至相門開接瑞珍
> 采采雜花我故國 終南太伯一般春

여기서 일연 스님은 '캐오다(采)'는 표현을 썼는데, 정말 그랬다. 의상 스님은 결국 인도 보드가야의 금강보좌, 보리수, 그리고 항마성도상을 캐어다 우리나라에 심어 꽃피운 분이다. 그렇게 인도와 신라는 하나로 연결되었다.

住寺

법주사

미륵이 내려오시는 곳

1—
진표율사와 미륵신앙

속리산. '속리俗離'란 '세속에서 멀어지다'라는 뜻이다. 최치원崔致遠(857~?)이 속리산에 왔다가 "도는 사람을 멀리하지 않으나 사람이 도를 멀리하고(道不遠人人遠道) 산은 사람을 떠나지 않으나 사람이 산을 떠나네(山非離俗俗離山)"라고 읊었다는데서 유래했다고 한다.

법주사 뒤편으로는 웅장한 바위산이 병풍처럼 둘러져있는데 문장대에서 천왕봉을 잇는 능선이 그 중심이다. 그 아래 깊은 골짜기에 자리 잡고 있건만 막상 법주사에 들어서면 그곳이 산중이라는 사실을 잊게 된다. 넓은 공간에 광활하게 펼쳐진 법주사의 장쾌한 규모에 궁벽한 산중사찰이 아니라 황룡사와 같은 도심 속 대찰에 온 것 같은 느낌이 들기 때문이다.

전하는 바에 의하면 신라 진흥왕 14년(553)에 의신조사義信祖師라는 분이 인도에 유학을 갔다 나귀에 불경을 가득 싣고 신라로 돌아오는 길에 절을 지을 곳을 찾았는데, 나귀가 이곳 법주사 자리에 이르러 멈추니 이곳이 좋은 자리임을 알고 절을 세웠다고 한다. 나귀가 싣고 온 '불법이 머문다'는 뜻으로 절 이름을 '법주사'라 했다. 그런데《삼국유사》의 〈진표전간

眞表傳簡〉과 〈관동풍악발연수석기關東楓岳鉢淵藪石記〉에 보면 진표율사眞表律師라는 스님이 법주사 창건에 관여했다는 다른 이야기가 전해진다.

진표 스님은 8세기에 활동했던 분으로, 옛 백제 땅인 전주 김제군에서 태어났다. 젊은 시절 선계산仙溪山 부사의방不思議房에 들어가 온몸을 바위에 내던져 깨뜨리는 참회고행인 '망신참법亡身懺法'을 통해 지장보살로부터 계를 받았다고 한다. 이 부사의방은 현재 전북 부안 변산반도의 의상봉 아래 문수계곡이라는 곳에 있는 천연 돌방이라고 전해진다. 진표 스님은 여기에 만족하지 않고 다시금 영산사靈山寺라는 곳으로 옮겨가 망신참법을 계속 수행하여 결국 미륵보살로부터도 계를 받았다. 이때 미륵보살로부터 《점찰경漸刹經》 두 권과 여기에 필요한 간자簡子 189개를 전수 받았다고 한다.

이를 기초로 진표 스님이 금산사에서 점찰법을 베푸니 중생들이 구름처럼 모여들었다. 심지어는 바다의 자라와 물고기들도 몰려와서는 스님을 용궁으로 모셔가 설법을 듣고 계를 받았다고도 한다. 이러한 동물들과의 교감은 그만큼 진표 스님이 순수한 마음을 가진 분이었음을 암시하는 듯하다. 마치 아시시의 성 프란체스코가 새들과 대화를 나눌 수 있었다고 하는 설화를 연상케 한다. 이 소식을 들은 경덕왕은 진표 스님을 경주로 초청하여 보살계를 받고 많은 보시를 했다. 이

때부터 금산사는 지금처럼 대찰로 성장하게 된 것으로 생각된다. 그 후 진표 스님은 금강산으로 들어가는 길에 지금의 법주사가 있는 곳을 지나게 되었는데, 한 상인의 수레를 끌던 소들이 어쩐 일인지 스님 앞에서 전부 걸음을 멈추고 무릎을 꿇었다고 한다. 이를 본 수레의 주인이 감동을 받아 그 자리에서 머리를 깎고 제자가 되었다. 그때는 이곳이 빈 땅이었는데 다만 스님은 길상초가 자라는 것을 발견하고 표시만 해두고 떠났다. 금강산으로 들어간 스님은 발연수(발연사鉢淵寺)라는 절을 세우고 7년간 설법을 하다 다시 금산사로 돌아왔는데, 그때 속리산에서 수행하던 영심永深, 융종融宗, 불타佛陀 등이 진표 스님께 나아와 점찰법을 청했다. 스님이 이들에게 계를 내리고는 속리산 길상초 있던 곳에 표시를 해두었으니 찾아서 절을 세울 것을 당부하셨다. 이때 세워진 절이 '길상사吉祥寺'였으니, 곧 법주사의 전신이라는 것이다. 길상사는 중간에 이름이 속리사로 바뀌었다가 어느 시점부터 다시 법주사라고 했다.

법주사는 과연 어느 스님이 창건하신 것일까? 의신 스님 창건설화는 진흥왕대에 인도까지 다녀온 스님이 계셨다는 기록이 다른 데는 전혀 없어 비록 의심을 받기는 하지만, 백제는 비슷한 시기에 겸익 스님이 인도에 다녀온 바 있으니 불가능한 일은 아니었으리라. 아마도 진흥왕대에 실제로 유학을 다녀온 스님이 속리산에 규모가 작은 사찰을 세우신 것도 사실일 수 있고, 진표 스님이 찾았을 때는 삼국전쟁의 혼란 속에 폐사된 절터에서 길상초를 찾은 것일 수도 있다. 두 설화 모두 가볍게 여겨서는 안 될 것이다.

진표 스님과 관련된 사찰들을 살펴보면 출가하신 금산사, 입적하신 발연사, 제자 영심 스님이 세운 법주사, 그리고 영심 스님의 제자 심지 스님이 세운 동화사桐華寺 등을 들 수 있다. 여기서 진표 스님이 직접 주석하며 활동한 절은 금산사와 발연사 두 절이지만 법주사는 진표 스님의 뜻이 반영되어 직접 창건했다고 보아도 무리가 없을 듯하다.

진표 스님은 의상 스님이나 원효 스님과 같은 고승들에 비해 대중적으로는 덜 알려진 편이지만 진표-영심-심지로 이어지는 계보가 전해지는 것으로 보아 진표 스님 문도에 대한 비중이 결코 작다고 할 수 없으며, 《삼국유사》에서 진표 스님을 기술하는 데 할애한 지면의 양을 보아도 매우 큰 비중을 차지하고 있음을 알 수 있다. 특히 백제 지역 출신으로서 이러한 종파를 이루었다는 점은 매우 특별하다. 이러한 배경은 법주사의 미륵신앙을 이해하는 데 많은 단서를 제공한다.

2—
법주사의 가람배치

삼국시대에 불교가 전래된 이후 주요 사찰들은 도심에 세워졌다. 경주의 흥륜사興輪寺나 황룡사皇龍寺, 부여 정림사定林寺 등 우리나라 역사상 초기의 대찰들이 그러한 예이다. 사찰이 도심에 있다는 것은 너무 정치적이거나 세속적이란 생각이 들 수도 있다. 그러나 석가모니 부처님 당시 승단은 대중들의 공양에 절대적으로 의존했기 때문에 도심에서 멀지도 가깝지도 않은 곳에 있었다. 그럼에도 절이 깊은 산 속으로 들어갈 수 있었던 것은 자생적인 경제력을 갖추게 되었음을 의미한다. 자료를 보면 법주사는 인근 토지에서 꽤 많은 생산이 있었고 이를 비축하여 상당한 경제력을 갖추고 있었음을 알 수 있다.

구불구불 좁은 찻길로 법주사를 찾아가지만, 막상 금강문을 지나 법주사 경내로 들어서면 이 깊은 산 속에 이런 넓은 곳이 있었나 싶게 탁 트인 공간을 마주하게 된다. 그래서 법주사는 깊은 산중 사찰임에도 들어서는 순간 특별히 더 거대해 보인다. 다른 산지 사찰들이 대체로 어떤 공간을 감싸고 있는 듯한 느낌인 데 반해 법주사는 넓은 공간을 이용해 평지 도심

사찰에서나 볼 수 있었던 일직선상에 법당이 놓인 가람배치를 구현했기 때문이다. 더구나 다른 사찰에서 흔히 보이는 석단이나 계단도 없이 거의 완전한 평지에 자리 잡은 것이 인상적이다.

법주사는 매우 드물게 일직선 축선에 산문, 탑, 금당이 늘어선 1탑 1금당식 가람배치를 보인다. 이러한 배치는 매우 전형적인 형식이지만, 삼국시대의 주요 도심에 자리 잡았던 정림사, 미륵사, 황룡사 등에 터로만 남아있으며, 실제 남아있는 경우는 드물다. 법주사는 1탑 1금당식 가람배치의 오랜 역사를 간직하면서도 현재 운영되고 있는 절이라는 점에서 특별하다.

동양건축에서는 절 뿐 아니라 모든 건축에 있어 일직선 축선으로 건물들을 배치하는 것이 이상적이기는 했지만, 이를 실제 구현하는 것은 힘들었다. 조선의 5대 궁궐 중에도 경복궁이 유일하다. 나머지 궁궐은 모두 꺾어지고 휘어진 축선을 지니고 있다. 말하자면 법주사나 경복궁이나 둘 다 가장 이론에 충실하고 인위적인 배치를 지닌 셈이다. 그래서인가, 이 이상적인 법칙을 고스란히 고집한 절이기에 '법이 머무는 곳', 즉 '법주法住'라 부르게 되었던 것인가 보다. 만약 전설적인 거찰인 경주 황룡사가 어떤 모습이었을지 짐작하고 싶다면 주저없이 법주사를 답사하실 것을 권하고 싶다.

가람배치에 더하여 법주사를 거대하게 느끼게 만드는 또 하나의 요소는 전각의 규모이다. 법주사는 모든 것이 크다. 이 거대한 전각들은 임진왜란 이후 초토화된 사찰들을 재건하는 데 앞장섰던 사명당 유정 스님이 1605년 팔상전捌相殿을 재건한 이후 벽암각성 스님이 이어받아 1626년까지 새롭게 지어진 것이다. 그러나 이 분들이 중창했던 사찰들을 보면 기존의 전각 자리에 대체로 원형에 입각해서 중건했기 때문에 법주사의 이러한 거대한 조형성이 이때 갑자기 등장한 것이라고는 볼 수 없을 것 같다.

3—
법주사의
전각들

1) 천왕문

일주문을 지나 수정교를 건너 법주사의 정문인 금강문을 지나면 그 옆에 세워진 높이 22m의 거대한 철당간을 만난다. 비록 이 철당간은 근대인 1907년에 새로 조성된 것이지만, 원래 있던 당간은 높이 16m의 크기로 고려 초인 목종 9년(1006)에 조성된 철당간이었다. 그러나 흥선대원군 시절 당백전當百

天王門

錢을 만든다는 명목으로 1866년에 압수되어 갔다고 하니 안타까운 일이다. 1006년에 세워져 860년간 비바람을 견디며 서있었다는 것인데, 철이 녹슬어 부식되지 않고 당시까지 견딘 것은 놀라운 제철기술의 증거라 하겠다.

용접기술이 없었던 시대에 어떻게 이런 높은 철기둥을 만들었는지도 신비롭다. 또한 원래의 당간이 징발된 이후 머지않아 다시 철당간을 만들어 세운 법주사 불자들의 원력을 통해 당시 법주사가 가지고 있던 위상도 짐작이 된다.

금강문에서 천왕문으로 걸음을 옮기면 거대한 전나무 두 그루가 나란히 서있다. 마치 은행나무가 향교나 서원 입구에서 공자의 가르침을 상징하듯 법주사는 전나무 두 그루로 불법이 머무는 곳임을 드러낸다. 어쩌면 이 전나무가 법주사의 진정한 일주문 역할을 하고 있는 것 같다.

법주사 천왕문과 그 안에 봉안된 사천왕상은 현존하는 조선시대 천왕문과 천왕상 중 최대 규모이다. 흙으로 빚어 만든 천왕상은 높이가 6m에 달한다. 이 사천왕상은 1624년 천왕문이 다시 세워질 때 함께 만들어진 것으로 보이는데, 대략 400년간 그 자리를 굳건히 지키고 있는 셈이다. 법주사 사천왕은 서있는데다 키까지 훤칠하다 보니 마치 프랑스의 로얄 드 뤽스(Royal de Luxe) 공연에 등장하는 초대형 마리오네뜨를 보고 있는 듯한 착각에 빠진다. 400년 전 조각상이 어떻게 이렇게 현대적일 수 있을까?

2) 팔상전

사천왕문을 나서면 눈앞에 버티고 있는 것이 거대한 팔상전이다. 흔히 이 팔상전은 탑이 아니라 불전佛殿이라고 한다. 즉, 사리를 모신 탑이 아니라 불상을 봉안하는 법당이라는 것이다. 그러나 그 형태를 보면 분명히 목탑으로 보아야 할 뿐 아니라, 실제 팔상전에서는 사리장엄구가 출토되었기 때문에 지금은 법당으로 사용하고 있더라도 틀림없이 목탑으로서 세웠진 건축이다. 출토된 사리장엄구는 현재 동국대학교 박물관으로 옮겨 전시되고 있는데, 사리외함의 명문에 의해 팔상전이 1605년 사명대사에 의해 세워진 것임을 알게 되었다.

삼국시대에서 통일신라 초기에 이르기까지만 해도 탑은 목탑으로 많이 세워졌다. 그런데 황룡사 9층목탑이 몽골 침입 때 불타 사라진 것처럼 대부분 소실되고, 현재 남아있는 목탑은 이 법주사 팔상전이 유일한 셈이다. 원래 전남 화순의 쌍봉사雙峰寺 대웅전도 목탑형 전각이었지만, 그마저 1984년 화재로 소실되고 말았다. 때문에 우리나라 목탑의 구조를 연구하는 데 있어 팔상전은 유일하며 절대적인 자료이다. 사명대사가 왜란 후 중건을 할 때 사실상 사라진 거대목탑의 전통을 되살린 이유는 무엇일까? 더구나 조선시대에는 사실상 목탑

뿐 아니라 탑을 세우는 것 자체가 그다지 유행하지 않았는데, 굳이 이렇게 가람배치에서 큰 비중을 지닌 존재로 탑을 세운 것은 어떤 이유 때문일까?

아마 임진왜란 직전까지 법주사에는 목탑이 남아있었고, 또한 법주사를 대표하는 상징적 존재였기 때문에 어떻게 해서든 이 목탑을 다시 되살리고자 하는 강한 의지가 있었을 것이다. 그러나 상황은 녹록치 않았으리라. 왜란 후에는 관아, 향교, 서원 등 거의 조선 자체가 새로 지어지던 상황이었고, 특히 성리학의 나라인 조선에서는 불교보다도 유교의 복구가 더 시급했다. 팔상전처럼 독특하고 거대한 건축을 복원하는 일은 이런 급박한 상황에서 사실상 매우 어려운 일이었다. 그럼에도 법주사의 팔상전은 너무나 중요한 상징이었기에 그 까다로운 상황에서도 기어이 복원했던 것이다.

또 하나 주목되는 것은 비록 목탑은 아니지만, 비슷한 고층 전각의 모습을 지닌 금산사의 미륵전과 법주사 팔상전이 대비된다는 점이다. 금산사는 마침 법주사의 정신적 고향이라고 할 수 있는 진표 스님의 사찰이 아니던가? 마침 3층전각인 금산사 미륵전도 언뜻 목탑인 것처럼 높이 솟아있으니 이런 고층 건물은 어쩌면 진표율사의 트레이드 마크였는지도 모르겠다. 그리고 보면 가람배치에서도 묘한 공통점이 발견된다. 금산사는 대적광전, 방등계단, 그리고 미륵전이 'ㄱ'자형으로 배치된 모습인데, 법주사는 대웅보전, 팔상전, 그리고 청동미륵대불이 'ㄴ'자형으로 배치된 모습이다. 지금은 청동미륵대불이지만, 원래는 그 자리에 용화보전, 즉 미륵을 모시는 2층 전각이 있었던 자리다. 다시 말해 두 사원의 가람배치가 'ㄱ'자형이고, 그 양 끝에 각각 비로자나불을 모신 전각과 미륵전이 위치하며, 그 사이에 탑이 놓여 있는 구조인 셈이다. 더구나 방등계단은 금강계단 형식으로 통도사에서 진신사리를 모시는 방식과 동일한 개념이어서 이 역시 진신사리탑이라 할 수 있고, 법주사 역시 사명대사께서 진신사리, 혹은 그에 준하는 어떤 개념을 가지고 이처럼 거대하게 중건한 목탑이었기 때문에 이 두 사찰의 배치는 모두 진표 스님의 마스터플랜이 반영된 공간임을 짐작할 수 있다.

'팔상전'이란 명칭은 그 안에 석가모니 부처님의 일생을 여덟 장면으로 압축해 그린 '팔상도八相圖'를 봉안한 전각이라는 뜻이다. 탑의 내부에 불상을 모시고 불화를 그린 것은 상당히 이례적이지만, 인도 간다라의 불탑을 보면 이것은 매우 전통적인 방식이다. 간다라의 스투파들은 탑신에 돌아가며 부처님의 생애를 묘사한 불전도를 배치했다. 스투파를 중심으로 탑돌이를 할 때 이러한 불전도의 이야기를 접하면서 석가모니 부처님이 어떤 분이셨는지 시각적으로 알려주기 위한 용도이다. 마찬가지로 법주사 팔상전도 안에 팔상도를 돌아

법주사 팔상전

가며 걷고 그 안에서 탑돌이하면서 이들 불화들에 예불 드리는 개념이기 때문에 결국은 간다라 스투파의 오랜 전통을 동아시아적으로 변용한 것으로 볼 수 있다.

이들 팔상도가 걸린 벽은 탑을 지탱하는 네 개의 기둥, 흔히 사천주四天柱라고 부르는 높은 기둥들이다. 사천주는 다시금 그 네 기둥 가운데 서있는 더 높은 중심기둥인 찰주刹柱를 지탱하는 역할을 한다. 팔상전은 조선시대인 1605년에 세워진 건축이지만, 이처럼 찰주와 그 찰주를 지지하는 사천주로 고층 목탑을 세우는 전통은 이미 통일신라시대의 시작과 함께 만들어진 경주 사천왕사의 목탑지와 망덕사 목탑지에서 확인된다. 팔상전도 역시 원래의 기둥자리가 이러한 형태로 남아 있었기 때문에 지금과 같은 사천주 방식으로 세워졌다고 추정된다. 잘 사용하지 않는 사라진 지식을 다시금 필요할 때 꺼내 적절하게 사용했다는 것은 우리에게 언제 다시 필요할지 모르는 전통의 지식과 가치를 보호해야 하는 유네스코 세계유산의 정신과 다름없다.

3) 대웅보전

법주사 팔상전의 유명세에 조금 가려졌지만 대웅보전 역시 법당 건축으로서 둘째가라면 서러워할 2층형 법당 건물이다. 현존하는 2층 법당은 화엄사의 각황전, 무량사 극락보전과 함

법주사 대웅보전

께 이 법주사 대웅보전이 3대 걸작으로 손꼽힌다. 팔상전과 마찬가지로 이렇게 대형의 전각을 세운다는 것은 기술의 문제 이전에 국가적인 허락의 문제이기도 했다. 숭유억불 시대에 사찰이 궁전에 버금가는 거대한 전각을 짓는다는 것은 원래 있을 수 없는 일이었다. 그러나 화엄사 각황전과 마찬가지로 법주사에도 이런 대규모 전각이 들어설 수 있었던 것은 왜란 때 불교계가 보여준 군사적 조력 덕분이다.

마치 보카치오의 《데카메론》에서 성직자들이 풍자의 단골 대상이었던 것과 마찬가지로 조선시대 승려는 그저 놀려먹는 대상일 뿐이었다. 그런 전통은 안동 화회마을의 탈춤 연희에도 그대로 드러나 있다. 그러나 왜란이 일어나자 선비들도 제 살길을 찾아 도망가기 바빴던 가운데 분연히 일어나 중생구제를 기치로 의병활동을 했던 불교 교단을 성리학자들은 더 이상 놀려댈 수 없었다. 또한 전쟁이 끝났어도 언제 다시 일어날지 모르는 불안한 상황에서 스님들의 힘은 절대적으로 필요한 존재였다. 그렇기 때문에 이처럼 궁궐건축에 버금가는 전각들이 당당하게 세워질 수 있었던 것이다.

대웅전의 원래 명칭은 '대웅대광보전'이었는데, 이는 석가모니불을 모시는 대웅전과 비로자나불을 모시는 대광보전이 합쳐진 이름이다. 원래 대웅전에는 석가모니불, 아미타불, 약사불의 삼세불을 모시고, 대광보전에는 비로자나불, 석가모니불, 노사나불의 삼신불을 모시는 것이 원칙이다. 그런데 여기서는 노사나불과 약사불을 제외하고, 비로자나불, 석가모니불, 아미타불의 세 부처님을 봉안하여 삼신불과 삼세불이 융합되어 있기 때문에 대웅대광보전으로 불렸던 것이다. 이러한 도상적 변화도 조선불교의 특징이다. 높이가 3m에 달하는 세 부처님은 1624년에 현진玄眞 스님이 만든 것이다. 현진스님은 1633년에 무량사 극락전 아미타 삼존불도 만들어 모신 17세기의 대표적인 조각승이었다.

사람들은 조선시대의 불상은 신라의 석굴암이나 화려한 고려불화 속 부처님과 비교해 너무 투박하고 균형도 맞지 않고 경직된 느낌이라고 평가절하한다. 그러나 이 시대를 이해할 필요가 있다. 기본적으로 조선은 성리학의 나라로서 우상숭배를 금지했다. 그런 조선에서 불교가 살아남으려면 인간을 그대로 재현한 듯한 사실적인 조각상으로는 어려웠다. 마치 선비들의 그림도 사실성보다는 정신성을 전달하는 것을 중요시했던 것과 맥락을 같이 한다. 그래서 조각도 최대한 관념적이고 도안화된 불상이 그나마 인정받을 수 있었다.

나아가 전쟁을 겪으면서 사회는 극도의 트라우마에 시달렸으리라. 수많은 사람이 죽었거나 다쳤고, 많은 것을 잃었다. 모두가 지쳐 쓰러져 있는데 부처님 혼자 예쁘게 웃고 앉아계실 수는 없다. 그렇다고 마냥 중생처럼 슬퍼하고 좌절할 수도 없다. 중생과 함께 슬퍼하되 희망을 심어주는 부처님이 필요했다. 현진 스님의 조각은 그런 시대적 요구를 반영한 작품이다. 당당하지만 움츠러든 듯 하고, 선이 굵고 역동적인 것 같지만 경직되었으며, 물 흐르듯 유려하지만 또 한편으로는 반복적인 틀에 갇혀있다. 이런 이중성은 매우 교묘하게 이 불상 안에 공존하고 있다. 상실의 시대, 불안의 시대를 살았던 사람들의 시각을 고려하지 않고 미술관에서 작품을 보던 시선만으로는 이 불상의 내면을 올바로 들여다볼 수 없다.

4) 청동미륵대불

팔상전 목탑과 대웅보전 법당이 이루는 남북 축선에서 직각으로 꺾이는 위치에 법주사 청동대불이 위치하는데, 원래 이 자리에는 2층의 용화보전이 세워져 있었고, 안에는 높이 5m 가량의 미륵대불이 봉안되어 있었다. 진표율사가 미륵보살로부터 계를 받은 것이나, 법주사를 창건한 영심 스님이 스승 진표율사의 가르침을 계승한 것이나 그 중심에는 미륵신앙이 있다. 이 용화보전의 미륵대불 역시 벽암각성 스님의 법주사 중건 때 조성된 것이었을 텐데, 철당간이 나라에 징발될 때 함께 징발되어 사라져버렸다. 미륵대불이 사라진 텅 빈 용화보전도 그 기능을 다하지 못해 쇠락하여 헐린 것 같다. 법주사는 그 자리에 다시 미륵불을 세우기로 하고 근대조각의 선구자인 김복진 선생에게 제작을 의뢰했는데, 흥미롭게도 마침 김복진 선생은 같은 진표스님의 사찰인 금산사 미륵전의 미륵대불 조성을 마친 다음이었다. 김복진 선생은 혹 진표율사를 위해 태어난 조각가셨던 것일까. 법주사 대불은 1939년부터 콘크리트로 조성하기 시작했는데, 안타깝게도 선생이 작고하는 바람에 완성은 선생의 제자들인 윤효중, 장기은, 임천, 권진규 선생에 의해 1948년 무렵에나 이루어졌다.

근대조각가에 의해 복고적인 통일신라시대 불상 양식으로 조성된 이 기념비적 조각은 그러나 1980년대 말부터 콘크리트에 균열이 생기는 바람에 결국 헐리고, 원작의 규모와 형식을 모방하여 1990년에 현재의 높이 25m의 청동상이 새로 조성되었다. 당시만 해도 대좌를 더한 총 33m의 높이는 불상으로서 세계 최고의 높이였다고 한다.

5) 원통보전

이러한 초대형 전각과 불상의 틈바구니 속에 아담한 크기로 자리잡고 있는 전각이 있는데 바로 원통보전圓通寶殿이다. 워낙 큰 조형물들 사이에 있어서 그렇지 이 원통전도 그리 작은 전각은 아니다. 이 전각은 정사각형의 네모난 구조에 지붕도 사모지붕이라는 피라미드 형태이다. 원통보전은 관음보살을 모신 전각인데, 이곳에 모셔진 관음보살상은 조선시대 목불상 가운데 유례가 드물게 크다. 그럼에도 불구하고 그 섬세함은 이루 말할 수 없다. 특히 관음보살상 양 옆에 있는 선재동자와 용왕의 상은 고려시대 〈수월관음도〉를 입체적으로 재현한 것이어서 더욱 흥미롭다. 바람에 섬세하게 나부끼는 관음보살의 관대와 천의자락을 보고 있노라면 동해안 낙산사의 관음보살님이 순식간에 나를 바닷가로 이끌어오신 것 같은 착각에 빠지게 된다.

재미있는 것은 이 원통전 지붕 맨 위에는 마치 석탑의 상륜부처럼 돌로 만든 부재가 올라가 있는데, 금산사 대장전에도

법주사 쌍사자석등

역시 용마루 위에 상륜처럼 생긴 석조물이 올라가 있다는 점이다. 이러한 구조물은 아주 특이한 사례인데, 왜 하필 진표율사의 이 두 사찰에 공통적으로 보이는 것일까? 우연이라고 하기에는 참으로 많은 생각을 하게 한다.

4— 법주사의 석조문화재

법주사의 전각과 그 안에 봉안된 불상, 불화는 모두 17세기 전반 조선시대의 작품들이지만, 법주사의 더 오랜 역사를 알려주는 것은 돌로 만들어진 성보문화재들이다. 이중에는 영심스님이 법주사를 세울 때인 통일신라시대로 거슬러 올라가는 것도 있고, 고려시대의 작품도 있어 법주사의 오랜 세월을 웅변한다.

가장 오래된 유물은 쌍사자석등과 사천왕석등, 석련지, 희견보살상으로 전해지는 석상 등으로 모두 통일신라 8세기에 만들어진 것으로 추정된다. 석련지는 돌로 만든 수조로서 그 안에 연꽃을 키우는 작은 연못이라고 전한다. 그러나 그러기에는 너무 높아서 그 안을 들여다 볼 수도 없어 과연 그런 용도일까 의심스럽다. 아마도 통도사에서 보았던 석발우처럼 법주사 석련지도 부처님의 발우를 상징하는 것으로 보아야 하지 않을까 싶다. 사천왕석등은 등불을 넣어놓는 화사석 몸체에 사천왕이 새겨진 것인데, 통일신라시대의 사천왕 도상 연구에 중요한 작품이기도 하다. 희견보살상은《법화경》〈약왕보살품〉에서 자신의 몸을 불살라 부처님께 공양한 희견보살을 묘사한 것으로 추정한다. 그런데 이 세 석물은 원래 연결된 의미를 지닌 일괄조상으로 보아야 한다는 견해가 제시된 바 있다. 지금은 위치가 바뀌어 있지만, 일제강점기의 사진을 보면 팔상전에서 지금의 청동미륵대불이 있는 용화보전터를 향해 일직선으로 석련, 석등, 희견보살상이 배치되어 있었던 것을 확인할 수 있다. 때문에 이 세 석물이 사실은 석련이나 희견보살상이 아니라 석가모니 부처님이 다음에 올 미륵불께 전달해달라고 했던 발우 및 가사와 그 가사를 운반하는 곤륜노를 묘사한 장면이라는 해석이다. 팔상전은 석가모니를 상징하고 용화보전은 미륵불을 상징하는 것이어서 설득력이 있고 흥미롭다. 쌍사자석등도 우리나라에 몇 안 되는 작품 가운데 가장 대표적이다. 단단한 화강암으로 사자의 곱슬한 갈기와 탱탱한 근육을 묘사한 것을 보면 석공의 노련한 솜씨에 놀라게 된다.

한편 천왕문에서 서쪽으로 조금 걸어가면 마치 의자에 앉

법주사 마애미륵의좌상

아계신 것처럼 표현된 거대한 고려시대의 마애불을 만난다. 이런 자세로 앉아계신 부처님은 대부분 미륵불이다. 법주사가 진표율사 이래 미륵사상을 대표로 하는 만큼 고려시대에 미륵불을 한 분 더 모시고 그 사상을 계승했음을 증명해주는 단서이기도 하다. 특히 고려시대에는 법주사가 법상종法相宗의 중심 사찰로 발전하였다. 법상종은 유식사상唯識思想과 미륵신앙을 기반으로 하여 성립된 종파이다.

한편 마애미륵불과 마주하여 그 앞면의 바위에는 마애지장보살상이 새겨져 있다. 이처럼 미륵보살과 지장보살이 함께 모셔진 것은 진표율사께서 지장보살과 미륵보살 두 분에게 계를 받았던 것과 연관된 것으로 보인다. 김부식이 찬술한 《속리사점찰법회소俗離寺占察法會疏》와 같은 글에서도 진표율사의 점찰법회가 법주사에서 지속적으로 이어지고 있었던 것이 확인되므로, 이 두 마애불이 조성된 고려시대에도 진표 스님의 점찰법회 전통이 계속 유지되고 있었음을 알 수 있다.

이 마애불 옆에는 그냥 지나치기 쉽지만 얕은 부조로 나귀와 인물상이 새겨져있다. 이는 틀림없이 경전을 나귀에 싣고 신라에 돌아온 의신 스님을 표현한 것으로 보인다. 짐을 실은 몇 마리의 나귀가 보이고, 한 스님은 서서 걸어 나오는 모습인데 반해 그 앞으로 두 스님이 공양을 올리는 자세로 무릎을 꿇은 모습이다. 비록 얕은 부조이긴 하지만 이목구비가 조금

씩 남아있을 정도로 원래는 정교한 조각이었음을 알 수 있다.

법주사의 철솥 역시 명물이다. 한 번에 3천 명 분의 밥을 할 수 있었다는데 직경 3m나 된다. 많은 인원이 참여하는 대규모 법회 때 사용한 것으로 추정된다. 임진왜란 때에는 스님들이 이 솥을 이용해 배식하기도 했다고 한다. 그만큼 당시 법주사의 위용을 가늠해볼 수 있다. 이와 유사한 철솥이 논산 개태사開泰寺에도 있는데, 법주사의 것이 보존 상태가 더 좋다.

5—
법주사의
승탑들

법주사에는 중요한 사리탑이 세 구가 전한다. 하나는 고려 말 공민왕이 통도사의 진신사리 한 과를 옮겨 봉안했다는 능인전能仁殿 뒤편의 세존사리탑이다. 공민왕이 홍건적의 난을 피해 안동 지역까지 피신 갔다가 돌아오는 길에 법주사에 들렀으며, 특별히 통도사에서 사리 한 과를 옮겨오게 하여 이곳에 봉안했다고 한다. 이 역시 진신사리탑으로서 의미를 지닌다. 다른 두 탑은 법주사에서 더 산으로 올라가 자리잡은 복천암福泉庵에 있다. 신미대사信眉大師의 부도인 수암화상탑秀庵和尙

塔과 신미대사의 제자 학조대사學祖大師 부도인 학조화상탑學祖和尙塔으로 각각 보물 제1416호와 1418호로 지정된 조선 초기의 탑이다. 특히 신미대사는 한글 창제에도 중요한 역할을 했을 뿐 아니라 불경을 한글로 번역하기도 했는데, 덕분에 한글 창제 후 《석보상절》, 《월인천강지곡》 등 불교 서책이 발간되고, 불교경전이 한글로 번역되었으니, 스님께서 참으로 큰 역할을 한 셈이다. 이 두 분의 승탑을 오래된 소나무들이 둘러서듯이 자라고 있어 마치 스님들로부터 설법을 듣고 있는 것 같아 엄숙함을 자아낸다.

복천암은 신미대사께서 머무셨던 절이니 한글 창제와 발전의 산실이라 할만하다. 이곳의 극락보전은 맞배지붕이면서도 측면에도 공포를 설치한 것이 특이하며, 안의 불단도 감실처럼 방을 만들어 불상을 모신 희귀한 경우다. 아담한 크기이면서도 곳곳이 이처럼 정교하고 섬세함으로 가득하다. 아마도 세조가 신미대사를 만나기 위해 이곳에 올랐다는 이야기를 생각해보면 왕이 행차한 사찰이기에 이처럼 특별한 격식을 갖추었던 것이 아닌가 생각된다. 뿐만 아니라 법당에 모셔진 불상과 불화의 부처님 얼굴이 꼭 닮아 흥미롭고, 독특한 도상의 칠성탱과 화려한 신중탱, 그리고 신미대사 진영 등도 눈여겨볼 필요가 있다. 복천암으로 올라가는 길에는 신미대사를 만나러 왔던 세조가 목욕했다는 목욕소를 지나게 되는데

수암화상탑과 학조화상탑

그 풍광 역시 아름다워 좋은 날, 꼭 한번 걸어보시길 권한다.

우리나라에는 아름다운 절이 많지만, 그 가운데 임진왜란 때 모두 불탔으면서도 다시금 이와 같은 규모로 재건한 법주사는 드물게 인간의 위대함을 산속에서 느끼게 하는 각별한 공간이다. 물론 그 인간의 위대함은 신념에서 나오고, 그 신념의 바탕은 부처님이 설하신 법이었다. 지금도 그 법이 그곳에 머물러있다.

鳳停寺

봉정사

살아있는 건축박물관

1—
다시,
의상대사를 만나다

안동 봉정사鳳停寺의 극락전은 우리나라에서 가장 오래된 목조건축이다. 그런 건축물이 안동에 남아있게 된 것은 우연이었을까? 안동은 봉정사가 세계유산이 되기 전에 이미 하회마을로 세계유산에 그 이름을 올린 바 있다. 안동을 가보면 하회마을에만 있을 법한 고택이 여기저기 곳곳에 숨어있다. 이렇게 봉정사뿐 아니라 오래된 건축들이 많이 남아있는 것은 전통을 지키고, 쉽게 바꾸려고 하지 않는 그 단단한 고집과 결코 무관하지 않을 것이다. 실제 안동은 우리나라에서 전통을 가장 강하게 고수하는 곳으로 유명하다. 변화보다는 옛것을 지키고자 하는 성향이 우리나라 최고의 목조건축 봉정사 극락전을 지켜냈는지도 모를 일이다.

전해지는 이야기로 봉정사는 672년에 의상대사가 세웠다고도 하고, 스님의 제자 능인 스님이 창건했다고도 한다. 정말로 봉정사가 672년에 창건되었다면 의상대사는 676년에 부석사를 세우기 전에 먼저 봉정사를 세운 것이므로, 봉정사는 부석사의 프로토타입이 되는 셈이다. 능인 스님이 창건했다고 해도 부석사와의 간접적인 연관성 속에서 봉정사를 바라

보아야 할 것이다. 부석사 인근 풍기 비로사毘盧寺도 의상대사의 제자 진정 스님이 창건했다는 것으로 보아 영주 인근인 안동, 풍기 등지에 의상대사의 제자들이 창건한 절이 포진해있었을 가능성이 충분히 있다.

능인 스님은《삼국유사》〈의상전교義湘傳敎〉 편에 표훈, 지통 등과 함께 의상대사 10대 제자의 한 분으로 등장하며, 표훈사 창건에도 관여한 것으로 알려져 있으나, 그 밖의 행적은 전하지 않는다. 한편 봉정사를 소개한 조선시대의 문헌인《영가지永嘉誌》 등에 의하면 스님이 봉정사가 자리한 산의 어떤 동굴에서 수행할 때 천신이 내려와 등불을 켜주었다는 설화에서 산 이름이 천등산이 되었다고 한다. 혹은 절을 지으려고 종이로 봉황을 만들어 날렸는데, 그 봉황이 머문 곳에 절을 세웠다는 의미로 봉정사라 이름 지었다는 설화도 전한다. 창건이든 아니든 아마 봉정사와 깊은 인연이 있던 분은 틀림없기에 지금까지 스님의 이야기가 전해져오는 것이리라. 의상대사가 창건했든 제자 능인 스님이 창건했든 일단 봉정사는 의상대사의 화엄종 사찰이었을 가능성이 매우 높다.

안동에는 봉정사 외에 봉황사라는 고찰도 있다. 봉정사에 비해 널리 알려지지 않았지만, 보물로 지정된 매우 아름다운 대웅전과 삼세불상이 모셔진 절이다. 전해지기로는 삼국시대 선덕여왕 시기에 창건되었다고 하니 오히려 봉정사보다 앞

봉정사의 가을. 왼쪽이 대웅전, 가운데가 화엄강당, 오른쪽이 극락전

선 역사를 자랑한다. 결국 안동에는 두 곳에 봉황이 머무는 셈이다.

봉황과 관련된 지명은 풍수지리와 연관된 경우가 많다. 또한 봉황은 풍수지리적으로 인물이 많이 나는 곳의 상징이기도 하다. 조선 후기 지리학자 이중환李重煥(1690~1752)은《택리지》〈팔도총론〉에서 안동의 선비문화가 발달한 것은 결국은 이 지역의 가난과 궁색이 인재를 많이 배출한 한 까닭이라 하니 독특한 해석이 아닐 수 없다. 그것이 곧 안동의 전통문화를 지켜오는 힘이 되었다고 볼 수 있지 않을까. 그런데 이중환은 안동의 대표적인 누각이었던 영호루 북쪽에 신라시대의 절이 있다며 "지금은 절이 망해 스님은 없어도 그 정전은 들 복판에 따로 서있어 조금도 기울지 않아 사람들이 노나라의 영광전靈光殿에 견준다"는 기록을 남겼다. 노나라 영광전이란 한나라 때 노나라 지역에 세워졌던 궁궐 전각의 이름인데, 화려하고 훌륭한 건축의 비유로 종종 쓰인다. 안동 영호루 북쪽의 이 절은 봉정사였을 가능성이 매우 높다. 이를 통해 지금은 고려시대의 전각으로 알려진 극락전과 같은 건축이 조선 후기 때까지만 해도 신라의 건축으로 간주되어 왔던 것을 알 수 있는데, 이는 지금의 시각에서 보더라도 결코 허황한 해석이 아니다. 즉, 지금 고려시대 건축으로 알려진 극락전은 실제는 통일신라시대 혹은 더 나아가 삼국시대에까지 연대가 올라갈 가능성이 열려 있기 때문이다. 만약 그렇다면, 정말 그렇다면, 우리는 의상 스님 시대의 진정한 흔적을 이곳 봉정사에서 조우하게 된다는 뜻이 된다. 상상해보자. 내가 들어선 봉정사의 전각 안에 실은 의상 스님도 들어오신 적이 있을 수도 있다는 상상. 내 손길이 닿는 오래된 기둥에 실은 의상대사께서도 손을 짚으셨을 수 있다는 짜릿한 상상. 갑자기 시공을 초월해 지금 여기 내가 의상 스님과 머물고 있는 듯한 그 느낌. 그것은 단순한 상상이 아니라 영감의 원천이며, 타임머신과 같은 세계유산이 지닌 매력이기도 하다.

2—
주심포, 다포, 익공 등
전통건축의 진화

1) 만세루

봉정사는 매표소 입구에서 보면 방문자를 긴장하게 만든다. 절은 보이지 않고, 입구는 좁은데 경사는 가파르고 해서 봉정사에 가기 위해 마음을 단단히 먹어야 할 것만 같다. 그러나 막상 얼마 안 가 바로 일주문을 만난다. 그러나 예전에는 일주문 너머로 나무가 우거져 아무것도 보이지 않았기 때문에 한

봉정사 만세루

참 더 걸어 들어가야 할 것 같았지만, 지금은 신축된 건물들이 조금씩 보이고 주차장도 눈에 들어와 경내가 머지않았음을 알 수 있다. 하지만 초행자라면 봉정사 경내로 들어가는 계단 바로 아래에 이르렀어도 혹 이 길이 맞는지 의심이 들 수도 있다. 비교적 급경사에 다듬지 않은 좁은 돌계단이 있고, 그 위에 누각이 있기는 한데 그리 커 보이지는 않는다. 사람들에게 굳이 그 아래로 들어오라고 손짓하지도 않는다. 만세루가 이렇듯 나무에 가려질 정도로 비밀스럽게 숨어있는 절도 참 드물 것이다.

다른 절의 만세루는 아래로 비교적 넓은 문이 있고, 그 옆으로는 공간이 있는데 이곳은 그냥 축대로 막혀있다. 더욱이 봉정사 만세루의 문이 좁아 보이는 것은 둥글게 휜 나무를 자연스레 문지방으로 쓰고, 옆에는 문설주까지 세워 정말로 살림집 대문처럼 만들었기 때문이다. 한 사람쯤이야 그냥 들어간다지만, 이렇게 좁은 통로여서야 다른 짐이나 대중들은 어떻게 드나들었을까 싶다. 물론 옆으로 돌아 들어가는 길도 있으나, 최소한 절의 정문이라는 곳이 이렇게 좁게 설계된 것은 그만큼 수행을 위해 격리된 공간이라는 의미를 상징적으로 보여주려는 것은 아니었을까. 이곳은 수행처이니 문지방을 넘을 때 조심해달라는 듯한 부탁처럼 보인다. 한편으로는 이 안으로 너무 많은 것을 가지고 들어오지 말라는 뜻 같기도 하다.

좁게 만들어서 쉽게 들어오지 못하게 하는 의미가 무언가를 밀어내는 의미의 '좁음'이라면, 다른 한편으로는 굳이 많은 양의 보시를 가져올 수 있는 부유한 사람이나 권세있는 사람이 아니라도 좋으니 부담없이 들어오라는 적극적 의미의 '좁음' 같기도 하다.

만세루의 실제 규모는 정면 5칸으로 결코 작은 누각이 아님에도 그다지 화려해 보이지도, 커 보이지도 않는다. 누각이기는 하지만 축대에서 돌출된 것은 정면 한 줄이어서 그다지 웅장한 느낌도 들지 않는다. 직선으로 뻗은 처마선과 천정 아래를 지나는 직선의 대들보, 기둥들도 아래층은 두껍고 위층은 비교적 가늘게 뻗어 언뜻 심심해 보인다. 그러나 기둥은 완전한 직선이 아니라 조금은 구불구불하기 때문에 인위적인 직선과 자연적인 곡선이 절충된 느낌이다.

이 좁은 문 안으로 들어서면 마치 터널처럼 길다. 그리고 그 끝에 불상이 모셔진 전각이 보이고, 계단 끝으로 언뜻 부처님도 보인다. 긴 어둠을 뚫고 저 끝 피안의 세계가 보이는 것 같다. 그런데 실은 터널의 천정 부분이 전부 누각의 마루이다. 그만큼 마루가 넓기 때문에 이렇게 긴 터널형의 진입로가 형성된 것이다. 만세루를 경내에서 바라보면 얼마나 넓고 큰 누각인지 실감이 간다. 밖에서는 옆으로만 긴 누각인 줄 알았는데, 안에서 보면 장쾌한 공간이 연출되는 넉넉한 쉼의 공간이 펼쳐진다. 우리나라 누각을 대표하는 건축 중의 하나가 인근에 있는 안동 병산서원屛山書院의 만대루晩對樓인데, 봉정사의 만세루는 실로 그와 쌍벽을 이루는 멋을 지닌 누각이다. 이 두 누각은 그야말로 '안동양식'이라 할 만한 공통점을 지녔다. 그러나 만대루가 오로지 유생과 양반을 위한 공간이라면 이 만세루는 모든 중생들을 위한 공간이었다.

2) 대웅전

만세루를 지나 마주하게 되는 웅장한 전각은 대웅전이다. 이 대웅전은 우리나라의 초기 다포계 건축을 대표하는 팔작지붕이다. 목조건축은 아무래도 비에 약하기 때문에 처마를 길게 빼는 것이 특징이다. 하지만 지붕을 이루는 서까래가 워낙 무겁기 때문에 길게 나온 처마를 공중에 떠있게 받치는 일이 구조적으로 쉬운 일이 아니다. 그래서 공포栱包라는 독특한 부재를 발명했는데, 말하자면 벽체로부터 팔을 내밀어서 긴 처마를 받쳐주는 역할이다. 이 공포를 이전에는 기둥 위에만 두는 방식이어서 이를 '주심포柱心包'라고 부른다. 그런데 봉정사 대웅전이 지어질 무렵에는 기둥과 기둥 사이에 평방이라고 하는 튼튼한 나무 부재를 얹어서 그 위에 더 많은 공포를 얹는 새로운 건축기법이 적용되었다. 포가 많이 사용되었다고 해서 이를 '다포多包'라고 한다. 포가 많아지면 아무래도 지

봉정사 대웅전

붕의 하중을 분산해 더 안정적으로 처마를 받칠 수 있다.

우리나라의 초기 다포 구조를 대표하는 건축은 봉정사 대웅전 외에 서울의 남대문이 있다. 실제로 두 건축의 포가 서로 닮았기 때문에 조선 초기에 세워진 숭례문과 같은 양식의 다포건축인 대웅전도 조선 초기에 지어진 것으로 보았다. 그런데 1997년 대웅전에 걸려있던 아미타 후불탱화를 수리하기 위해 떼어내자 그 안에 있던 벽화가 모습을 드러내었다. 조선시대에는 벽화보다는 주로 탱화를 걸었기 때문에 〈영산회상도〉로 확인된 이 벽화는 그림의 양식이 고려시대의 화풍이라 어쩌면 최초로 발견된 고려시대 벽화일 수도 있겠다는 학설도 제기되었다. 그러나 당시에는 대웅전을 조선 초기 건축으로 보았기 때문에 그 벽면에 그려진 불화가 고려불화일 가능성에 대해 부정적으로 보는 시각이 많았다.

그러다 1999년 대웅전을 해체해 수리하면서 뜻밖에 불단 상판 아래에서 '1361년에 불단을 수리했다'는 묵서명이 발견되었다. 최소한 불단을 비롯한 내부 장엄이 1361년 이전에 만들어진 것이 확인되었기 때문에 결국 건축 연대도 고려시대로 올려볼 수 있게 되었다. 한편 종보 받침에서 〈법당중창기〉가 발견되었는데, 이에 의하면 세종 연간인 "1428년에 미륵하생도를 그리고, 1435년에 이당二壇 전각을 조성했다"고 한다. 만약 여기서의 미륵하생도가 대웅전에 걸렸던 그림이라

봉정사 대웅전

면 최소한 그 아래의 벽화는 1428년 이전에 그려진 것이다. 여기서 미륵하생도가 대웅전에 후불탱화로 걸렸다면 〈영산회상도〉 벽화가 있음에도 이를 후불탱화로 덮어야 했던 사정도 궁금해진다. 〈영산회상도〉 벽화는 매우 뛰어난 작품이지만, 아쉽게도 벽화 속 존상들의 얼굴이 모두 날카로운 것으로 긁혀 훼손되었다. 조선 초기 유생들이 와서 이렇게 훼손했던 것일까? 원인은 모르지만, 바로 이 훼손 때문에 부득이 세종 연간에 새로 불화를 그려 넣어야 했을지도 모른다.

세종 연간에 그려졌다는 미륵하생도도 지금은 볼 수 없어 아쉽고, 벽화도 훼손된 상태여서 또한 아쉽다.

일반적인 〈영산회상도〉를 보면 항마촉지인의 수인을 한 석가모니 부처님이 앉아있고 좌우 협시보살은 서있는 것이 보통이다. 그러나 봉정사 대웅전 벽화는 오른손을 가슴 높이로 든 설법인을 하고 있으며, 좌우협시보살은 좌상으로 표현되어 차이가 있다. 그런데 봉정사 대웅전 영산회상도의 이같은 도상은 원래 벽화나 후불탱화의 도상이 아니라 경전, 특히《법화경》 등에 삽입되는 삽화인 〈경변상도經變相圖〉에 사용되던 도상이었다. 화암사에서 1443년에 간행된《법화경》에 실린 석가설법도와 비교해보면 거의 같은 도상임을 알 수 있다. 이 도상은 아미타설법도로도 자주 사용되기도 했다. 그런 까닭인지 봉정사 대웅전 벽화는 마치 경전 삽화처럼 옆으로 길다.

이 점이 중요한 이유를 간략히 설명하자면, 우선 조선시대에는 불단 위에 불상을 모시고 나서 그 불상과 연관된 불화, 즉 후불탱화를 뒤에 거는 것이 정해진 법식이다. 봉정사 대웅전 벽화의 발견으로, 최소한 이 무렵 불상 뒤에 불화를 그리는 전통이 막 시작되었지만, 아직 그 전통이 완전히 확립되지 않았던 과도기의 양상을 알 수 있게 되었다. 아직 후불탱화용 도상이 없었기 때문에 불교경전에 쓰인 삽화를 그대로 확대해서 사용한 것이다. 결국 봉정사 대웅전 벽화는 우리나라 불화의 독창성이라고 평가되는 후불탱화가 처음 등장했을 때의 원시적 모습을 보여주면서 그것이 등장한 시기와 양상을 확인할 수 있는 매우 중요한 역사적 가치를 함께 지니고 있다.

대웅전의 다포 구조 역시 고려시대의 것으로 새롭게 조명되었다. 그렇다면 과연 왜 우리나라 최초의 다포계 건축이 이곳 안동에 세워지게 되었을까. 해답은 고려 말 홍건적의 난을 피해 1361년 안동으로 피신왔던 공민왕의 행적에서 찾을 수 있다. 몽진 당시 안동에서 급박하게 냇물을 건너는데 주민들이 물에 들어가 어깨를 맞대어 노국대장공주를 건너게 해주는 등 실의에 빠져있던 공민왕 일행을 안동 사람들이 물심양면 도왔기 때문에 개성으로 돌아간 공민왕은 이곳을 안동대도호부로 승격시키고 많은 선물을 남겼다. 그 흔적이 바로 안동도호부 관아에 걸었던 공민왕의 친필 '안동웅부'와 안동의 대표적인 누각인 '영호루'의 친필 현판이다. 앞서 살펴본 부석사 무량수전 현판 역시 공민왕의 글씨라 전하여 이 근방에 대한 공민왕의 관심이 지대했음을 보여주고 있는데, 마찬가지로 봉정사에 전하는 '진여문' 현판 역시 공민왕의 글씨로 전한다. 아마도 그 당시 공민왕의 몽진을 따라 왔던 개성의 일급 건축가들에 의해 이 초기 다포계 건축인 대웅전이 세워진 것이 아닌가 보고 있다. 안동에서의 절치부심 끝에 몽진은 단 2개월로 끝나게 되었으니 공민왕으로서는 반격의 기반을 마련해준 안동이 각별히 고마웠을 것이다.

사실 그 전에도 안동은 고려 왕실에 고마운 존재였다. '안동'이란 이름도 고려 왕건이 이곳에서 견훤과 싸울 때 안동 사람들이 도와준 것을 기념해 내린 이름이었다. 동쪽을 편안케 하는 곳이라는 뜻이다. 이때 유명한 안동 권씨 성도 하사되었다. 고려 명종대인 1197년에는 경상도 지역에서 대대적으로 민란이 일어났는데, 이때도 안동이 그 진압에 큰 공을 세워 안동도호부로 승격되었고, 이어 공민왕 때 안동대도호부가 되었으니, 고려시대 안동의 위상을 짐작할만하다.

대웅전의 내부도 새로운 개념으로 장엄되었다. 부석사 무량수전과 마찬가지로 수덕사 대웅전과 봉정사 극락전과 같은 고려시대 건축은 안에서 보면 모두 서까래가 훤히 보이는 '연등천정'이란 형식으로 되어 있다. 그런데 봉정사 대웅전은 천정을 '우물반자'라고 부르는 네모난 나무판들을 엮어 평평하게 만들었다. 그리고 그 안에 가득히 연꽃 만다라를 그렸다. 대웅전 내부는 그야말로 연꽃으로 가득한 연화장세계蓮華藏世界를 떠올리게 한다.

화엄경에서 말하는 우주를 연화장세계라고 하는데, 즉 연꽃에서 피어난 세계라는 뜻으로 대웅전 내부는 그야말로 연꽃으로 가득한 연화장세계의 표현인 것이다. 놀라운 것은 우주를 한 송이의 거대한 연꽃이 아니라 수많은 연꽃들이 모여 이루어진 것으로 표현했다는 점에서 연화장세계의 모습이 마치 현대 물리학자들이 말하는 '거품우주론'을 연상케 한다는 점이다. 실제 불경에서 타방세계의 부처님들을 이야기하는 것도 석가모니 부처님이 출현하신 이 우주가 하나의 물방울 세계라면 타방부처님은 또 다른 물방울 우주에서 오신 분들이니 불교의 우주관은 이 물방울들이 모여 이루어진 거품우주론에 가까운 관념이 아니었나 싶다.

한편 근래 단청에서는 불단을 지탱하는 기둥을 화려하게 칠하지 않는 편인데, 봉정사 대웅전은 이 두 기둥을 용이 휘감고 올라가는 모습으로 생생하게 장엄했다. 흑칠 바탕 위에 그려진 용이어서 비구름 속을 노니는 용을 그린 한 폭의 운룡도를 보는 듯하다. 요즘 단청은 일정한 패턴으로 문양을 반복해서 그리지만 옛 단청을 보면 더 자유롭고 다채롭다. 봉정사 대웅전 단청 역시 옛 단청의 실제를 보여주는 드문 사례이다.

3) 극락전

이 대웅전과 나란하게 서있는 법당이 극락전이다. 석가모니 부처님을 모신 대웅전과 아미타불을 모신 극락전이 나란히 있는 경우도 극히 드물다. 굳이 찾자면 불국사에서 대웅전 옆으로 한 단 아래에 극락전이 위치한 사례를 들 수 있다. 이 전각은 한때는 대장전이라고도 불렸는데, 경판을 보관하는 판전의 역할도 했던 것 같다.

봉정사 극락전

봉정사 극락전 내부

극락전은 1363년에 지붕을 중수했다는 기록이 있어 최소한 1363년 이전에 세워진 건물임이 밝혀졌다. 대웅전은 고려후기 건축으로 추정되는 반면, 극락전은 삼국시대까지 거슬러 올라갈 수 있는 건축적 특징이 있다. 그중에서 가장 대표적인 것이 '소슬합장'과 '복화반覆花盤'이라 부르는 부재이다. '소슬합장'은 천정 제일 높은 곳의 종도리 아래에만 남아있다가 그나마도 점차 사라지게 되는데, 봉정사 극락전에서는 맨위 종도리에서 시작해서 맨 아래 벽체의 기둥 위까지 길게 연결되어 있다. 이런 방식은 중국에서도 당나라 건축에 보이는 오래된 특징이다.

'복화반'은 기둥과 기둥을 엮어주는 긴 부재인 창방과 뜬창방 사이사이를 지탱해주는 일종의 짧은 기둥인데 그 모양이 마치 꽃을 거꾸로 둔 모양 같다고 해서 복화반이라 부른다. 이런 부재가 실제 남아있는 것은 중국에서도 가장 오래된 목조건축인 산서성 남선사南禪寺 대전 정도에 불과하다. 고구려 고분벽화 중의 건축 그림에서도 이와 유사한 불꽃문양의 받침 흔적을 찾아볼 수 있다. 이렇듯 까마득한 삼국시대에 사용되었던 복화반이 사용된 건물이 실제 남아있다니 그야말로 기적 같은 일이다. 의상대사가 당시에 세운 산사의 불전 모습을 추정할 수 있는 결정적 단서라는 점에서 큰 의미를 지닌다.

이 건물을 우리나라에서 가장 오래된 목조건물로 보는 또 하나의 이유가 있다. 극락전은 기둥 위에만 포가 있는 주심포식 건축인데 같은 고려시대 주심포 건축으로는 부석사 무량수전과 수덕사 대웅전이 있다. 공포의 모습을 보면 세 전각 중에서 봉정사 극락전이 가장 단순한 형태를 보이고 있다. 시간이 흐르면서 공포의 끝부분이 갈수록 물결무늬처럼 더 장식적으로 튀어나오게 변화한 것으로 생각되는데, 그런 측면에서 봉정사 극락전은 주심포 공포 형식 중에서도 표준이자 가장 시원적 형태라 할 만하다.

봉정사 극락전은 우리나라 현존 가장 오래된 건축으로서 일찍부터 학자들에 의해 많은 관심을 받았고, 1972년 대대적으로 수리될 때 원형을 찾고자 많은 변형이 이루어졌다. 과거 사진을 보면 극락전도 대웅전처럼 정면에 한지를 바른 살문을 달고, 앞에는 툇마루를 두고 있었다. 그러나 살문이나 툇마루는 통일신라시대에 가까운 특성을 지닌 극락전에는 어울리지 않는다고 하여 모두 제거되고, 지금처럼 작은 창문과 나무판문을 지닌 형태로 바뀌었다. 이런 복원은 중국 산서성 남선사 대전의 고풍스런 모습에 착안한 것이다. 단청 역시 복원 전 사진 속의 형태와는 다르게 복원되었다.

현대에 와서는 원형을 찾아 복원하는 것보다 그 건축이 변해온 모습 자체를 역사로 보고, 현상을 유지하는 복원이 더 선호되고 있다. 따라서 극락전의 경우도 툇마루나 살문이 후대에 덧붙여진 것이라 하더라도 그것이 극락전의 역사이기 때문에 그대로 놔두고 복원했어야 한다는 비판이 제기되기도 한다. 그러나 현대에 와서 새롭게 복원설계되는 통일신라, 혹은 고려의 건축물은 그 원형을 봉정사 극락전에 두고 있기 때문에 후대에 미친 영향 또한 지대하다. 따라서 원형인가, 현상유지인가 하는 진지한 논쟁의 출발점이라는 점에서 봉정사 극락전은 연구사적으로도 무게를 지닌 건축이 아닐 수 없다.

극락전은 겉에서 보기에는 단출하지만 안으로 들어가보면 천정의 구조가 매우 복잡하다. 여기에 복화반 등의 장식적 요소가 더해져 언뜻 꾸미지 않은 듯 하지만 세심하게 멋을 낸 건축물이다. 또한 부석사 무량수전이 공중에 떠있는 느낌이라면, 봉정사 극락전은 안에 있는 사람을 포근히 감싸주는 느낌으로 다가온다.

극락전에는 조선 초기에 조성된 것으로 추정되는 소조아미타불좌상을 단독으로 모시고 있다. 조선 초기의 불상으로 소조상은 매우 드문 사례여서 앞으로 깊이 있는 연구가 필요하다. 아마 고려시대 건축임을 감안하면 화엄강당에 모셔진 고려시대 목조관음보살좌상이 원래 이 극락전에 봉안되어 있었을지도 모르겠다. 이 보살상은 1199년에 조성된 것인데 본존아미타불과 함께 좌협시보살로 조성되어 극락전에 봉안되었다가 현재는 이 관음상만 홀로 전하고 있는 것은 아닐까. 흥미롭게도 같은 안동의 보광사에도 역시 고려시대 목조관음보살상이 있는데 두 보살상 모두 정교하고 유려하지만, 보광사 상이 밝고 쾌활한 느낌이라면, 봉정사 상은 침착하고 사색적인 느낌이 강해 대조적이다.

4) 화엄강당

극락전과 대웅전을 나란히 잇는 동서 축선을 기준으로 그 사이에 남쪽으로 놓인 전각은 화엄강당이다. 지금은 종무소로 쓰고 있어 일반인이 안으로 들어가 관람하기가 어렵다. 아무래도 의상대사의 화엄종 전통을 잇는 중요한 건물일 텐데, 원래의 용도에 맞는 전각으로 사용되면 좋겠다는 바람이다.

이 화엄강당은 고졸한 단청, 단순명쾌한 맞배지붕 그리고 기둥 위에만 포가 있다는 점에서 극락전과 비슷하지만 공포는 조금 다르다. 주심포처럼 기둥머리 위에 포가 올라가는 것이 아니라, 살미가 기둥을 일부 파고 들어와 기둥과 맞물려 설치된다는 점에서 차이가 있다. 이것이 갈매기 날개처럼 휘어 있어 날개 '익翼' 자를 써서 익공식으로 불린다. 공포가 기둥과 더 강하게 맞물려 외부 충격에 효과적으로 대응할 수 있다는 것이 중요한 특징이다. 화엄강당은 주심포에서 익공식으로 넘어가는 과정을 보여주는 과도기 형식으로 분류된다.

이 건물은 1588년에 중수한 것이 밝혀져 실제 지어진 것은

화엄강당

이보다 이른 조선 초기임이 확인되었다. 봉정사의 중심은 대웅전과 극락전, 화엄강당 세 채의 전각인데, 극락전은 가장 초기의 주심포 형식을 대변하고, 대웅전은 가장 초기의 다포 형식을 대변한다면, 화엄강당은 익공식 공포가 태어나는 과정을 보여주고 있으니 그야말로 건축기법의 모든 것을 한 경내에서 볼 수 있는 살아있는 건축박물관인 셈이다.

봉정사는 화엄강당을 공통분모로 대웅전 영역과 극락전 영역으로 나뉘는데, 대신 극락전 영역으로는 화엄강당이 뒷모습을 보이고 돌아앉은 모습이 된다. 그래서인지 화엄강당은 뒤쪽으로도 문을 달았다. 대웅전 쪽 문에 비하면 작은 문이지만, 극락전 자체가 상당히 폐쇄적인 공간감을 지니고 있기 때문에 오히려 화엄강당의 뒷모습이 극락전과 더 균형을 이루는 듯하다.

5) 고금당

극락전 영역의 서쪽 전각은 '고금당古金堂', 즉 '옛 금당'이라는 건물이다. 크기는 비교적 작은 건물이지만, 건축 기법을 보면 화엄강당과 유사한 익공식 건축이며, 광해군 때인 1616년에 중수된 기록이 있다. 그런데 지금은 요사채이지만 전각의 이름이 '옛 금당'인 것으로 보아 부처님을 모신 법당으로 사찰에서 가장 중요한 건물이었을 것이다. 하지만 1500년대 중반 이후에 나온 익공식 건물이라 이 건물 자체가 극락전이나 대웅전보다 이전 시기에 사용되었던 금당이라고 볼 수는 없다. 그러나 고금당이 가장 오래된 전각이었는데, 점차 보수하면서 원래의 모습은 잃어버렸지만, 그 자리가 원래의 금당자리라는 것은 늘 기억되어 왔다는 가정을 해볼 수는 있다.

만약 고금당이 과거 봉정사의 주불전이었다면, 그 축선은 고금당이 바라보는 동쪽 축선이었다는 이야기가 된다. 이와 비슷하게 전각 안의 불상이 동쪽을 향해 봉안된 곳은 부석사 무량수전이 있다. 그런데 봉정사에서도 옛 금당이라고 하는

겨울의 고금당

未生之前誰是我

전각이 동쪽을 향하고 있다니 아마도 이 역시 의상대사의 계획 중의 하나가 아니었을까?

지금은 봉정사에 누각은 만세루 하나뿐이지만, 원래는 동루와 서루라는 이름으로 두 누가 있었다. 한 절에 두 채의 누각이 있었던 것이 특이한데, 현재 예천 용문사가 동·서로 누각을 세운 모습을 간직하고 있다. 봉정사도 극락전 영역 앞에 누가 더 있어 이런 모습이었거나 혹은 부석사처럼 진입로에 두 채를 세워 연결된 동선을 구성했을 것 같다.

6) 무량해회

극락전 영역에서 고금당이 오른쪽 날개를 이룬다면, 대웅전 영역에서는 '무량해회無量海會'라는 요사채가 왼쪽 날개를 이루며 펼쳐진다. 이 건물은 하회마을 양반댁의 당이라고 해도 될 듯한 고급 주거공간이다. 실제 봉정사에는 퇴계 이황을 비롯한 안동의 유명 선비들이 드나들었는데, 아마 이런 분들이 취향에 맞게 하룻밤 묵어갈 수 있도록 해놓은 일종의 선비 전용 템플스테이 건물은 아니었을까 싶다. 요사 밖으로 달린 툇마루가 무척이나 멋스럽다.

참고로 퇴계 선생은 당시 유림의 총수로서 불교를 비판하는 글을 쓰시기도 했지만, 아마 체면상 어쩔 수 없이 쓰신 것 같다. 실제 그 분의 편지와 일기를 보면 절에서 재도 지내고,

무량해회

찬문도 써주고, 때때로 사찰의 누대에 올라 시를 짓기도 했으니 결코 불가를 멀리한 분이 아니었음을 알 수 있다.

한 가지 재미난 것은 화엄강당의 지붕 처마가 대웅전의 지붕 처마 밑으로 딸려 들어간 모습이다. 사실 공간적으로 보면 화엄강당은 조금 더 뒤편에 세워질 수도 있었다. 그렇게 했다면 대웅전을 중심으로 좌우대칭으로 무량해회 건물과 더 균형을 이루며 자리 잡았을 것이다. 또한 극락전 영역에서 보더라도 화엄강당이 뒤로 물러나 세워졌더라면 이 역시 고금당과의 균형이 더 잘 맞았을 것이다. 하지만 일부러 극락전 영역과 대웅전 영역의 넓이를 같게 하려고 했던 것 같다.

어쩌면 이런 현상은 봉정사가 처음 창건 당시에는 고금당, 화엄강당, 무량해회를 잇는 동서 축선이었기 때문에 일어난 현상일 수 있다. 오히려 이 축선의 틈새에 극락전과 대웅전이 각각 들어선 것이라고 가정하면 조금 이해가 된다.

3—
제3의 영역,
영산암

봉정사는 여기서 가람이 마무리되기 때문에 언뜻 그다지 큰 절 같지가 않다. 그러나 대웅전 동북쪽으로 경내를 나오자마자 계단이 있다. 이 계단으로 올라가면 봉정사의 암자인 영산암이 나온다. 영산암은 바로 가까이 있어서 마치 봉정사와 일체를 이루고 있는 듯하다. 그럼에도 독특한 적막감이 휘감는 이 영산암 영역은 또 다른 세계다.

1) 우화루

영산암 건축도 무량해회처럼 마치 양반가문의 종가댁 같은 풍모를 자랑하는데, 들어가는 입구에는 누각인 우화루가 펼

영산암 가는 길

쳐져있다. 규모는 만세루에 비할 바가 아니지만, 그 아름다움은 버금간다. 낮은 천정이어서 키가 큰 사람은 고개를 숙이고 들어가야 할 것 같은 작은 입구를 지나면 아담한 정원이 나온다. 우람한 고송과 꽃나무가 이루는 작은 우주는 영산암의 중심 공간이다. 그 안에서는 계절이 흐르는 소리가 들리고, 꽃피는 공간을 잡을 수 있다. 그것이 영산암의 미덕이다.

그리고 고풍스런 마루가 깔린 우화루를 통해 바깥 세상을 바라보면 그야말로 천년 묵은 근심이 다 사라질 것 같다. 그곳이 마치 지상에서 가장 높은 신선의 자리처럼 느껴지고, 모든 것을 비움으로 얻을 수 있는 가장 풍족한 자리처럼 느껴진다.

우화루는 정면 7칸, 측면 2칸 규모인데 2층의 경우 좌측 2칸과 우측 2칸은 방이고, 가운데 3칸은 대청처럼 트여있다. 또한 이 누각은 건물이 'ㄴ'자로 연결되어 있는 것도 특이하다. 좌우측 건물에도 모두 마루가 깔려 수행하던 분들이 자연스럽게 이 누각으로 건너와 공간을 공유하게 되니 넉넉하기 그지없다. 언뜻 사대부 고택 같다고 했지만, 역시 절집이라 눈에 띄진 않아도 다양한 단청의 흔적이 남아있다. 눈에 보이는 고요함과 달리 이들 전각의 천정을 아래서 올려다 보면 역동적인 용그림이 그려져 있는데, 스님들 위로 날아다니며 불이 나지 않게 이 암자를 지켜주는 것인가 보다.

영산암 경내 전경

2) 응진전

이 누각 건물의 맞은편 즉 영산암 안쪽에는 중심에서 비껴 주불전인 응진전應眞殿이 자리 잡고 있다. 응진전은 16나한 등 부처님의 제자셨던 스님들을 모신 전각인데, 그 중앙에는 영축산에서 설법하고 계신 석가모니 부처님과 함께 전생의 석가모니 부처님께 수기를 주신 연등불의 보살모습인 제화갈라 보살, 그리고 석가모니 부처님께서 수기를 내린 미륵보살을 각각 오른쪽, 왼쪽에 모셨다. 이런 구성을 '수기삼존授記三尊' 이라고 한다. 그런데 전각에 비해 이 세 분 삼존상의 크기가

작은 민화 전시관 같은 응진전

압도적으로 크다. 그래서 전각 안이 꽉 찬 느낌이다. 실은 우화루를 지나오면서 축선 끝에 모셔진 이 응진전의 가운데 부처님과 눈이 마주치기는 했었다. 불단 위의 닫집 천정에도 용 두 마리가 여의주를 사이에 두고 힘차게 날고 있다. 응진전의 또 다른 매력은 그 안을 가득 채우고 있는 민화풍의 벽화들이다. 한쪽에는 학, 맞은편에는 봉황이 그려진 벽화가 특히 주목되는데, 이것은 마치 창덕궁 대조전의 학과 봉황이 짝을 이뤄 그려진 장쾌한 벽화를 보는 듯하다. 그렇지만 거기서 훨씬 힘을 뺀 민화풍의 아담하고 친근한 그림들이다. 이 작은 응진전을 궁궐처럼 꾸미려고 했던 의도가 아닌가 한다. 건물 바깥벽에도 호랑이와 학, 용 등의 그림이 그려졌으니 그야말로 응진전은 작은 민화 전시관 같은 곳이다.

영산암은 우리나라에서 보기 드문 불교영화였던 〈달마가 동쪽으로 간 까닭은〉의 배경이기도 하다. 1989년에 만들어진 이 영화는 한국불교 문화의 아름다움을 잘 풀어냈다고 평가받고 있다. 그 배경으로 영산암이 선택된 것은 영화에 대한 평가와 무관하지 않을 것이다. 그만큼 한국 산사를 가장 잘 대변하는 공간이라고 보아도 좋지 않을까.

비록 크지는 않아도 넉넉한 영산암은 스님들의 열반을 향한 치열한 자기 싸움에서 잠시 쉬어가는 곳이라도 되는 것처럼 아름다움이 가득한 곳이다. 이런 풍류 역시 안동이기에 가능했던 아이디어가 아니었을까!

麻谷寺

마곡사

법화·화엄·선이 만나 예술이 된 곳

1—
마곡사의 창건

마곡사가 위치한 곳은 충청남도 공주 태화산泰華山 기슭이다. 마곡사는 관음도량으로 소개되지만, 막상 마곡사의 역사에서 관음신앙의 흔적을 찾기는 어렵다. 한편 절의 창건 및 사찰 이름에 대해 두 가지 설이 있다.

첫 번째 설은 백제 무왕 41년(640) 신라의 자장율사가 창건했다는 것이다. 그러나 640년이면 자장율사가 아직 당나라에 유학 중일 때였다. 설령 연대에 착오가 있었던 것이라 하더라도 백제의 사찰을 신라의 고승이 창건했다는 것에 의구심을 가질 수 있다. 이러한 설화는 단지 사찰이 정통성 확보를 위해 창건연대를 올려보려고 만들었다거나 혹은 백제의 사찰들이 통일신라시대에 조정의 지원을 받으려고 일부러 신라 고승의 창건설화를 만들어냈다고 보기도 한다. 혹은 반대로 신라가 백제 고토의 지배를 공고히 하려고 이런 설화를 지어내었다고도 한다. 하지만 정치·군사적 갈등과는 무관하게 삼국 간의 문화교류 흔적으로서 이러한 설화를 바라볼 수도 있다. 이러한 교류의 흔적은 당시 치열했던 전쟁과 갈등의 상황 속에서 불교계는 나름대로 평화를 염원하며 삼국의 소통을 모색

하려고 했던 노력으로 읽어도 좋지 않을까.

마곡사의 또 다른 창건설은 신라 무염無染(801~888) 스님에 의탁한 것이다. 무염 스님은 당에서 마곡보철麻谷寶徹선사에게 가르침을 받고 돌아왔다. 1851년에 쓰인《마곡사사적입안麻谷寺事蹟立案》에는 "보철화상의 설법을 들으러 모인 사람이 마麻처럼 촘촘히 많았다"고 해서 마곡사란 이름을 얻게 되었다는 기록이 보인다. 무염 스님이 마곡보철선사를 기려 절 이름을 마곡사로 했다는 것이다. 하지만 마곡사 국사당에는 무염 스님은 모셔져있지 않고, 범일국사梵日國師(810~889)의 진영이 모셔져있다. 혹 무염 스님이 모셔져 있었지만, 고려시대 지눌 스님을 계승하면서 지눌 스님이 출가한 사굴산파의 범일 스님을 종조로 바꿔 모셨던 것일 수도 있다.

이러한 기록들이 얼마나 진실에 가까운지는 알 수 없더라도 오래전부터 구전되어 온 것이라면 사찰의 성격을 규명하는 데 있어 중요한 자료들이다. 이처럼 자장의 화엄, 무염 혹은 범일의 선이 바탕이 되었을 것으로 보이는 마곡사는 고려시대인 1172년에 보조국사 지눌 스님이 절을 중창하면서 대찰로 확대되었다고 한다. 아마도 후삼국 시기의 혼란기부터 사세가 기운 것으로 보이는 마곡사는 당시 도둑떼의 소굴로 변해 있었는데, 스님이 제자인 수우守愚 스님과 함께 이들을 몰아내고 절을 중창했다는 것이다. 다만 1172년이면 지눌선

마곡천 징검다리

사가 불과 14세의 나이일 때인데, 아마 연대기적으로 착오가 있었던 것이 아닌가 한다. 송광사의 중창 이후 지눌선사의 제자나 문도에 의한 또 하나의 정혜결사도량으로서 마곡사가 중창되었을 가능성을 생각해본다. 따라서 지눌 스님의 가르침인 돈오점수, 정혜쌍수라는 통합의 사상이 이 마곡사에 배어있을 가능성은 배제할 수 없다.

한편 지눌 스님이 마곡사 터를 발견하고는 기뻐서 "다리 위에 올라 춤을 추었으니 이를 무교舞橋라 한다"고 전하는데, 지금 마곡사로 들어가는 마곡천 위에 놓인 극락교 즈음이었을지도 모르겠다. 그러나 지눌 스님이 처음 이곳에 오셨을 때는 제대로 된 다리 같은 것은 없었을 가능성이 높다. 아마 징검다리 같은 것이 남아있지 않았을까? 지금도 마곡사에는 징검다리가 있다. 지눌 스님이 추었다는 춤은 교각이 있는 넓은 다리가 아니라, 이와 같은 징검다리였을 것이니, 잘못하면 물에 빠질 수 있는 꽤나 아찔한 춤이었을 것 같다.

이와 같은 검토를 기초로 만약 마곡사가 자장율사의 창건이라면, 중심 영역인 대광보전에 모셔진 비로자나불은 자장율사의 화엄신앙을 계승한 것이라 볼 수 있다. 또한 통일신라 말 무염 스님의 중창을 사실로 받아들인다면 대웅전은 선종조사들의 시아본사 석가모니불을 모신 공간일 것이며, 영산전은 지눌선사가 겸하고자 했던 천태교학의 법화사상을 담고 있는 공간으로 해석할 수 있다. 이렇듯 화엄, 선, 법화의 종파가 한 사역 안에 어떻게 조화를 이루며 배치되어 있는지를 살펴보는 것이 아마도 마곡사를 이해하는 첫 걸음이 될 것이다.

마곡사는 모두 조선 후기의 건축이지만, 같은 시대에 서로 다른 양식이 어떻게 공존하고 있는가를 보여준다는 점에서 봉정사의 통시적 연결성과는 또 다른 공시적 연결성을 보여주는 사례이기도 하다. 이곳에는 팔작지붕과 맞배지붕, 다포와 익공, 단층과 중층전각이 공존하며 마치 조선 후기 건축기법의 백과사전 같은 역할을 한다.

하나의 사찰이 이처럼 몇 개의 원院으로 구성되어 각각 주불전을 두는 경우는 통도사와 불국사에서도 확인할 수 있다. 다만 마곡사는 여러 원들이 잘 짜인 틀 속에 공존하는 것이 아니라, 자유분방하고 느슨한 가운데 조화를 이룬다는 것이 차이점이고 특징이다.

마곡사도 3원 가람이라고 할 수 있지만 그저 개성이 너무 다른 세 채의 전각들이 아무렇게나 놓인 것처럼 보일 뿐이다. 서로에게는 무심하며 굳이 통합하려는 의지도 보이지 않는다. 그러나 조화롭다. 이처럼 각각의 개성이 존중되는 가운데 전체라는 질서가 유지되는 양상은 현대 사회가 집단과 개인의 관계를 정의함에 있어 가장 이상적으로 추구하는 모델일지도 모르겠다.

2—
입지와 가람

마곡사의 입지는 풍수지리적으로 대단한 길지라고 한다. 조선 중기의 남사고南師古(1509~1571)는 난리를 피할 수 있는 열 개의 살만한 곳을 가려 '십승지론'을 주장했다. 그중 "공주의 유구·마곡의 두 냇가는 만인의 목숨을 살릴 곳"이라 했다. 마곡천과 유구천이 만나는 사이에 마곡사가 있다. 이러한 풍수지리적 평가는 이미 한국 자생풍수의 창시자인 도선국사로부터 시작된 것으로 알려져 있다. 《마곡사사적입안》에 의하면 마곡사를 중창한 분으로 범일국사와 함께 도선국사도 등장하는데, 마곡사 입지에 대한 이러한 스님의 평가로 인연이 되었을 것이다. 그래서 마곡사 국사당 안에는 자장, 범일, 지눌 스님과 함께 도선국사의 진영도 모셔져있다. 명당이라는 것은 풍수지리에 관한 지식이 없는 사람들도 사찰에 들어서는 순간 느낄 수 있다. 대부분의 산사는 스님들의 생활을 위해 물을 끼고 있을 수밖에 없지만, 그 물의 양상은 다양하다. 부석사는 우물이 중심이고, 법주사는 달천이 사역 옆을 지나지만 터가 너무 커서 보통은 그 물이 잘 보이지 않는다. 반면 통도사는 절 바로 앞에 물이 흐르니 물과 가까울 수밖에 없다. 그런데 마곡사는 물이 절 가운데를 통과하여 지나기 때문에 절 안에 천이 있는 것이라 하겠다. 마치 물이 절을 품고, 절은 물을 품은 형상이랄까.

마곡사도 통도사처럼 세 개의 원으로 구성되어 있다. 그러나 그 방식은 통도사와는 전혀 다르다. 통도사는 어디까지나 금강계단과 적멸보궁(대웅전)이 위치한 상로전이 중심이지만, 마곡사는 3원이 거의 동일한 비중으로 자리 잡고 있다. 물론 중앙에 탑을 두고 그 바로 뒤에 대광보전이 자리잡은 공간이 마곡사의 중심이기는 하다. 그러나 현재 사역의 전체 건물들은 한꺼번에 세워진 것이 아니라 마곡사에 다양한 사상이 들어오면서 축차적으로 성립되었을 것이다. 어쩌면 마곡사를 처음 찾는 분들은 독특한 형태의 오층탑과 대광보전만 보고는 그냥 돌아갈 수도 있다. 그런데 그 뒤에 있는 이층의 대웅보전을 본다면 아니 왜 여기 법당이 또 있는 것일까 놀라게 되고, 다리 건너 영산전이 있음을 알게 되면 이건 다른 절인가 다시 한 번 놀랄 정도로 각각의 원이 독립적으로 동등한 균형을 이루고 있다.

1) 대광보전

비로자나불을 모신 대광보전과 5층석탑은 공간적으로 중심에 있다. 마곡사 전각들은 임진왜란 때 거의 대부분 소실되었다가 1651년에 각순覺淳 스님에 의해 중건되었다. 그러나 대광보전은 1782년에 다시금 불에 타 1813년에 다시 지었다. 마곡사의 핵심 불전 중에서 가장 나중에 재건된 건물이기도 하다. 마곡사 대광보전은 정면 5칸, 측면 3칸의 대규모 불전이며, 팔작지붕을 얹어 마치 고려시대 건축인 부석사 무량수전과 비교된다.

다만 부석사 무량수전이 주심포임에 비해 대광보전은 다포 구성을 보이고, 포의 살미의 끝 '쇠서' 모양도 심하게 구부러진 혀 모양인 '앙서형'으로 조선 후기 건축양식이다. 그런데 불전 뒷면의 포는 양끝 두 개만 앙서형이고, 나머지는 살미 끝이 경사지게 잘리는 형식이어서 더욱 간략한 모습이다. 이렇게 앞은 장식적으로, 뒤는 간략하게 처리한 것은 불필요한 장식을 최소화하며 앞과 뒤의 중요도를 분명히 구분하려는 의도일 수도 있다. 내부는 대들보를 받치는 높은 기둥 중 2개를 생략하여 예불공간을 보다 넓게 확보하고 있다. 특히 불단 앞에도 기둥들이 생략되어 불단 앞 공간이 넓다. 또한 불단 후불벽을 지탱하는 두 기둥 위로도 큰 후불탱화와 벽화를 설치하기 위해 대들보를 생략했다. 그만큼 구조적으로 자신이 있기 때문에 가능해진 기법일 것이다.

기둥의 경우, 전면에는 다듬은 기둥을 사용했지만 네 모퉁이 및 측·후면에는 구부러진 나무를 그대로 사용해 자연미를 살렸다. 이러한 방식은 조선시대 건축의 특징으로 자리 잡았는데, 마치 부처님이 늘 강조하신 "있는 그대로를 보라"는 말씀을 시각화한 것처럼 다가온다.

대광보전에 봉안된 비로자나불은 전각의 정면 남북축선으로 놓인 것이 아니라, 부석사 무량수전 불상처럼 서쪽에 앉아 동쪽을 바라보는 방향으로 모셔져있다. 이것은 부처님께서 보드가야에서 깨달음을 얻으실 때 앉았던 신성한 방향을 상징한다. 다만 부석사는 항마촉지인의 석가모니불좌상을 모신 반면, 마곡사는 지권인의 비로자나불좌상을 모신 점이 다르다. 아마도 부석사가 통일신라 초기의 화엄사상을 대변하고 있다면, 마곡사는 통일신라 후기에 선종과 결합된 화엄사상을 투영하고 있기 때문일 것이다.

그런 의미에서 대광보전 앞의 오층석탑 상륜부가 주목된다. 화려한 금속장식으로 상륜부를 올린 형식은 우리나라에서 유일하고 독특한 사례인데, 그 모습은 티베트의 불탑을 닮았다. 이런 티베트 양식의 영향은 고려가 원나라의 지배를 받으며 본격적으로 등장했다고 하지만, 그보다는 고려-조선시기에 인도-중국에 걸쳐 전 세계적으로 유행했던 국제양식으로 보는 것이 더 타당하다. 이런 티베트 불탑 모양은 우리나라에서는 사리기에 특히 많이 사용되었는데, 대표적으로는 이성계가 왕위에 오르기 전 발원하여 금강산에 봉안한 금은제 사리기를 들 수 있다. 이런 경향을 보면 마곡사 석탑은 그 자체가 석가모니 진신사리를 모신 거대한 사리기라는 것을 확인시켜 주려는 의도인 듯하다.

《마곡사사적입안》에서는 자장율사가 세운 절이 7곳인데, 그중에서 가야사와 마곡사 탑만 3층을 금으로 장식하고 순금 풍경을 달았다고 전한다. 현재의 5층탑은 고려시대 탑이니 자장율사가 원래 세웠던 탑과는 다르겠지만, 아마 원래 있던 탑의 일부가 금으로 장엄되어있던 모습을 참고해서 상륜부를 금속제의 티베트식 탑으로 세운 것이 아닌가 한다. 결국 자장율사가 세운 탑이면 그 안에 진신사리가 모셔져 있었다는 뜻으로 해석할 수 있다. 따라서 대광보전 안에 법신을 모셨다면, 바깥의 이 석탑에는 진신사리, 즉 석가모니 화신을 모심으로써 서로 대응관계를 만든 것이라 하겠다. 안타깝게도 임진왜란 당시 탑이 도괴되면서 탑 속에 봉안되었던 부장품은 없어졌다고 하지만, 탑의 시각적 형태는 그 사라진 내력의 흔적일 수 있다.

다시 대광보전의 비로자나 부처님 이야기로 돌아가보면, 이 부처님은 제작연대가 정확히 밝혀지지 않았지만, 뛰어난 조형성을 가졌다. 대광보전이 화재로 1813년에 중건되었으므로, 이 불상도 원칙적으로는 이 무렵에 만들어졌다고 볼 수 있다. 그러나 고려 말기 불상양식이 다소 남아있어 최소한 조선 전기의 작품으로 보아도 될 만큼 고풍스럽다. 전체 높이는

마곡사 5층석탑

193cm로 대광보전의 규모에 비하면 그리 큰 상이라고 할 수 없지만, 바라보는 입장에서는 매우 거대하고 압도적인 인상이다. 이는 대광보전의 긴 축선이 상대적으로 좁은 종축선이기 때문이기도 하고, 한편으로는 뒤에 걸린 후불탱화 속의 존상들이 본존 비로자나불상으로부터 발산되는 듯한 느낌이 들어 마치 본존불상의 크기가 확장되어 법당 공간을 가득 매우는 것처럼 보이기 때문이기도 하다. 이는 온 우주가 불법으로 가득한 화엄의 세계를 시각화한 것처럼 다가온다.

비로자나불의 뒤에 걸린 이 불화는 정조 12년(1788)에 그려진 것으로서 석가모니 부처님의 영축산 설법 장면을 그린 것이다. 이처럼 대광보전은 건축, 불화, 불상의 조성 연대가 각각 다르지만 마치 원래 하나였던 것처럼 조화를 이룬다.

한편 후불탱화가 걸려있는 후벽의 뒷면에는 높이 5m가 넘는 커다란 〈백의관음도〉가 그려져 있다. 관음도량으로 소개되는 마곡사에서 관음신앙의 전통을 보여주는 의미있는 작품이다. 중국은 이 공간에 그림뿐 아니라 조각상이나 부조로도 관음보살을 봉안하는 것에 비해 조선시대에는 거의 벽화로만 표현되며, 도상도 백의관음에 집중되어 있다.

전면의 후불탱화가 매우 대칭적이고 엄격한 구도를 지니고 있는 반면에 후면의 벽화는 서사적이고 수묵화적인 성격을 지니고 있어 불단의 뒤로 돌아 들어가는 예불자는 매우 대조

마곡사 대광보전 〈백의관음도〉

적인 느낌을 받게 될 것이다. 전면은 긴장감이 가득한 신들의 세계라면, 뒤로 돌아서는 순간 그 긴장이 해소되는 전원적이고 현실적인 느낌이다. 또한 관음과 선재동자 중심의 단촐한 도상구성은 개인적이고 친밀한 대면 공간으로 다가온다.

이처럼 수월관음과 선재동자가 등장하는 장면은《화엄경》〈입법계품〉에서 선재동자가 방문한 53명의 선지식 중 28번째인 포탈락가 산의 관음보살을 묘사한 도상인데, 원래 여기 등장하는 관음보살이 백의관음으로 정해진 것은 아니었다. 그럼에도 우리나라 불단 뒤편의 관음이 백의관음으로 정착된 것은 고려 말 유가종계의 홍진국사 혜영惠永(1228~1294) 스님이 찬한 백의관음 예찬문인 〈백의해〉가 불교의식에 널리 도입되었던 것과 연관이 있는 것이 아닌가 생각된다.

특히 이 〈백의관음도〉는 좁은 공간에서 위로 올려다보는 시각차를 고려하여 비례를 조정하였기 때문에 극단적인 상황 속에서도 수월관음의 우아한 자태를 경험할 수 있다. 일반적으로 선재동자는 관음보살의 발치에 묘사되는 경우가 많지만, 여기서는 허리 높이에 위치한 것도 특이하다. 또한 방향도 수월관음의 오른쪽(예불자의 입장에서는 향좌측)에 놓이는 경우가 많으나, 여기서는 왼쪽에 놓였다. 이러한 구도는 불단을 시계방향으로 도는 요잡의식에 있어 선재동자가 예불자들과 같은 방향에서 수월관음에 다가가는 효과를 줌으로써 선재동자와 예불자를 일체화시킨다. 또한 선재동자가 수월관음의 발치에 있을 때보다 더 가까이서 관음보살을 친견하는 듯한 모습은 마치 내가 그렇게 가까이서 관음보살을 뵙고 있는 것 같은 감정이입 효과를 거둔다는 점에서 독창적이다.

그 밖에 대광보전에는 숨겨진 보물이 또 있다. 바닥의 장판을 들어보면 그 아래 깔려있는 오래된 삿자리다. 보통 우리나라 법당은 마룻바닥을 그대로 사용한다고 생각하지만 이곳에는 법당 전체에 커다란 삿자리가 깔려있다. 일본은 일종의 다다미 같은 바닥의 법당이 많은데, 우리나라도 이런 삿자리나 멍석을 깔아놓은 법당이 더 많았을지도 모르겠다. 반들반들한 삿자리를 보면 대광보전에 와서 기도하고 갔던 수많은 사람들의 소망이 전부 여기에 배어들어간 것이 아닌가 생각된다. 전설에 의하면 옛날 앉은뱅이였던 사람이 대광보전에 와서 낫게 해달라고 백일기도를 하면서 부처님께 보시할 요량으로 삿자리를 짰다고 한다. 아마 기도에 집중하기 위해 일종의 수행의 일환으로 그랬는지도 모르겠다. 그런데 삿자리를 다 짜고 100일의 기한이 되니 그 앉은뱅이는 마치 아무런 일도 없었던 듯 그냥 일어나 걸어 나갔다는 것이다. 아마 그는 자신의 소원이 무엇이었는지도 잊은 채 삿자리에만 집중했으리라. 그래서 자신이 앉은뱅이였다는 사실도 잊어버렸으리라. 마조도일 스님은 '평상심시도平常心是道'라 했는데, 어쩌면

탑과 대광보전, 대웅보전의 축선

이 삿자리를 짜는 것처럼 우리가 하는 모든 일이 사실은 '도'가 아닐까. 앉은뱅이였던 그에게 삿자리 짜는 일이 곧 염불이요, 다라니였으리라. 마곡사 삿자리는 잊혀져 가는 전통 삿자리의 소중한 사례일 뿐 아니라 한 땀 한 땀 집중해서 짜나갔던 장인의 평상심시도를 담은 역사다.

자칫 지나치기 쉽지만 대광보전 동쪽 구역에 있는 심검당과 고방도 명물이다. 이는 스님의 거주공간과 그에 딸린 창고 건물인데, 특히 고방은 직선적이면서 고풍스런 2층 건축으로서 지상에서 띄워 습기를 차단하고 통풍이 잘 되는 구조로 만들어진 귀틀구조의 집이다. 담박하고 자연스러우면서도 굵은 선이 인상적이며, 통나무를 잘라 2층으로 통하는 계단을 만들어 놓은 것도 마치 설치미술을 보는 듯 신선하다. 절마다 이런 고풍스럽고 멋진 창고가 있었겠지만, 대부분 현대식 건축으로 대체되어 이처럼 원형을 간직한 예가 드물다.

2) 대웅보전

대웅보전 영역은 대광보전 뒤편에 세 개의 단을 만들어 조성되었다. 전각은 정면 5칸 측면 4칸의 평면에 팔작지붕을 지닌 2층 건축이지만, 상·하층이 하나로 통해있는 형식이다. 현재의 건축은 임진왜란 때 불탄 것을 효종 2년(1651)에 중건한 것으로 전한다.

조선시대 가람배치에서는 좌우대칭을 엄격하게 지키지 않은 것을 자주 볼 수 있는데, 이에 대해 비대칭의 대칭, 불균형의 균형 등의 의미를 부여하기도 한다. 하지만 자연과의 대칭, 주변 환경과의 균형을 이루기 위해 의도된 경우가 많다. 마곡사 대웅보전도 대광보전과 같은 축선상에 있는 듯하지만, 실제로는 대광보전 앞 석탑 앞에서 보면 대웅보전이 고개를 옆으로 약간 내밀고 있어 중심축선에서 서쪽으로 벗어나있다.

그러나 마곡사 가람배치의 중심축선 자체가 북서쪽에서 남동쪽으로 기울어진 축선이고, 그 기울어진 축선에 맞춰 대웅보전, 대광보전이 위치하며, 다시 두 건물의 기울어진 축선은 오층탑과 심검당 사이로 빠져나가 남쪽 극락교로 자연스럽게 이어진다. 마치 부석사에서처럼, 진입하면서 바라보는 시각적 균형을 의도한 것이라고 본다. 덕분에 다리를 건너 북쪽 사역에 도착해서 바라보면 오히려 탑과 대광보전과 대웅보전이 일직선상에 있는 것처럼 보인다. 또한 서쪽 응진전 쪽에서 보았을 때에도 대웅보전이 대광보전에 가려지지 않고 마치 탑과 두 법당이 나란히 서있는 것처럼 안정적이다.

마곡사 대웅보전처럼 조선시대에는 중층으로 세워진 불전이 더 많았을 것으로 보지만, 대부분 조선 후기에 중수되는 과정에서 단층으로 변화한 경우가 많다. 그런 가운데 부여 무량사 극락전, 보은 법주사 대웅보전, 구례 화엄사 각황전 등이 드물게 2층 전각을 유지하고 있다. 마곡사 대웅보전은 비록 규모는 법주사, 화엄사보다 작지만, 부재의 짜임새는 치밀하면서도 자연적으로 구부러진 형태를 그대로 사용한 기둥 등은 시대적인 특징을 반영한다.

일반적으로 홀수 칸이 보편적인 상황에서 측면이 짝수 칸인 것은 2층에서 내려오는 기둥을 받치기 위한 독특한 구조 때문이다. 또한 마곡사 대웅보전은 1층이 5칸이고, 2층이 3칸으로 현격하게 줄어드는 비례인데 무량사 극락전과 유사한 모습이다.

마곡사 대웅보전의 내부 구조를 살펴보면 불단 앞 열에 있어야 할 기둥들은 모두 생략하고, 불단을 중앙에서 약간 뒤편으로 물러나게 설치했다. 이렇게 해서 대웅보전은 기둥 없이 그대로 2층 천정까지 뻥 뚫린 장쾌한 공간이 되었고, 2층 창으로 햇살이 은은하게 들어와 법당 내부를 골고루 비춘다.

넓은 불단은 뒷열 기둥 네 개에 후불벽을 만들고, 그 앞 불단 위에는 향좌측으로부터 아미타불, 석가모니불, 약사여래불의 삼세불을 봉안하였다. 이 삼세불상은 정확한 제작 연대가 밝혀지지는 않았지만, 대웅보전이 중건된 1651년을 전후하여 함께 제작된 것으로 추정한다. 그 당시 마곡사의 주지였던 운혜雲惠 스님은 유명한 조각장인으로 〈사적기〉에는 그가 편수를 맡았다는 기록도 있어 이들 삼세불상 역시 운혜 스님의 손을 거쳤을 것 같다. 하지만 운혜 스님의 작품이 분명한 해남 서동사 목조석가여래삼존불상(1650년작)이나 곡성 도림사 목조아미타삼존불상(1665년작)과 양식적으로 차이가 있어 사승관계에 있었던 다른 스님의 작품일 가능성도 높다.

대웅보전은 다른 중층불전처럼 거대한 규모는 아니지만, 대웅보전이 위치한 공간이 그다지 넓지 않기 때문에 그 앞에

마곡사 대웅보전

서면 매우 웅장한 느낌이 든다. 한편 법당 내부에 있는 삼세불상은 건물의 전체 규모에 비해 작아서 자칫하면 내부가 허전해 보일 수도 있다. 하지만 앞서 대광보전에서처럼 뒤에 후불탱화를 걸어 불상이 확장된 느낌을 주면서 넓은 공간을 가득 메우는 듯한 인상을 준다.

이와 함께 실제의 인체비례보다 머리와 손을 크게 만들어 어색한 느낌이 드는 것은 조선시대 불상의 일반적 특징이다. 조선시대는 불상을 크게 만들 수 없었다. 그러다보니 아담한 비례 대신 큰 머리와 손으로 예불자의 시선을 집중시킴으로써 존재감을 강하게 부각시켜 그 크기를 무색케 한 것이다. 한국불교미술은 이러한 방식에 대해 다양한 시도를 해왔고, 그것은 한국불교미술만의 독특한 특징으로 자리 잡았다.

한편 석가모니불, 아미타불, 약사여래불은 원래는 대웅전, 무량수전, 보광전 등 각각의 전각에 봉안되는 것이 원칙이지만, 조선시대에 이르러 점차 한 전각에 삼세불을 함께 봉안하는 형태로 변화해갔다. 이러한 봉안 방식은 각각의 존상에 대한 예불보다 한 법당 안에서 이들 다양한 존상들이 서로 유기적인 관계에 있음을 깨닫는 것이 의식에 있어 더 중요한 비중을 차지하게 되었기 때문으로 생각된다.

나아가 대웅보전의 삼세불과 대광보전의 비로자나불을 합하면 4불 구성이 되는데, 이는 국립중앙박물관 소장의 〈사불회도〉의 도상과 같고, 칠장사, 부석사의 〈오불회도〉와 비교해보면 노사나불만 제외된 도상이다. 그런데 흥미로운 점은 마곡사 소장의 괘불탱의 존명이 비록 석가모니불이지만, 실제로는 노사나불의 도상을 하고 있다. 만약 대광보전 앞에 괘불을 펼치면 대광보전의 비로자나불, 대웅보전의 삼세불과 함께 완전한 〈오불회도〉의 도상이 되어 조선시대 가장 핵심이 되었던 5불이 유기적으로 확장되듯이 마곡사에 모두 구현되는 구조이다.

웅장한 대웅보전에 걸맞은 호방한 편액은 통일신라시대의

명필 김생金生(711~?)의 글씨를 집자하여 만든 것으로 전한다. 그의 필치가 잘 반영된 것으로 평가받는 국립중앙박물관 소장의 낭공대사비와 비교해보면 격정적이면서도 단정한 필력이 언뜻 유사해 보여 왜 김생의 서체라고 했는지 짐작이 간다. 나아가 나중에 소개할 대흥사에는 동국진체로 유명한 원교 이광사의 현판이 걸려있는데, 이를 보면 신라의 김생이 조선시대에 동국진체로서 어떻게 새롭게 재해석되었는지 엿볼 수 있다.

3) 영산전

과거에는 천불전千佛殿으로 불리던 영산전靈山殿은 마곡천 건너 남쪽 구역에 별도로 위치해있다. 그 축선도 남북 중심축선에서 서쪽에 치우쳐 동쪽을 향하고 있다. 기능적으로는 대광보전과 대웅보전은 예불공간, 영산전은 수행공간으로 역할이 구분되었던 것으로 추정한다.

영산전은 대웅보전과 함께 1651년에 중건되었고, 1842년에 중수된 기록이 있다. 정면 5칸, 측면 3칸의 주심포 맞배지붕 형식인데, 다만 공포가 기둥 머리 부분에 삽입되어 맞물린 방식인 익공식 공포에 가깝다. 쇠서 부분은 바깥에서는 끝을 말아올리거나 말아내리는 식으로 화려하게 처리했고 안쪽으로는 연꽃문양으로 마무리되어 안과 밖이 다르다.

내부는 대광보전처럼 불단 앞의 기둥들을 생략하여 넓은 예불 공간을 확보한 것이 특징이다. 영산전의 편액은 세조가 친히 와서 쓰고 하사한 어필이라고 전한다. 세조는 계유정난을 일으켜 왕위에 오른 후, 자신을 비판하던 김시습이 마곡사에 은둔하고 있다는 소식을 듣고 직접 김시습을 만나 설득하기 위해 마곡사로 왔다고 한다. 그러나 김시습은 이 소식을 듣고 세조를 피해 마곡사를 떠났고, 결국 만남이 이루어지지 못하자 세조는 아쉬운 마음에 당시 건축중이던 영산전에 편액을 하사하고 떠났다는 것이다.

영산전의 '영산'은 인도의 영축산을 뜻한다. 일반적으로 조선시대 영산전에는 수기삼존불이 봉안되는데, 마곡사 영산전은 과거칠불 사이에 나한상을 함께 봉안하였으며 그 뒤로는 현겁천불상을 봉안하였다. 과거칠불은 부처가 끊임없이 수기를 받아 세상에 출현한다는 사상으로 수기삼존과 통하는 개념이다. 현겁천불은 온 우주에 부처님이 두루 존재한다는 것을 시각화한 것이다. 과거칠불이 초기불교에 있어서 시간적 개념의 다불多佛의 개념이라면, 천불은 대승불교에 있어서 공간적 개념의 다불 개념이다. 따라서 영산전은 시·공간적으로 끊임없이 부처님이 출현한다는 개념을 표현한 것이다.

불전 내부의 천정은 '철凸' 자형으로 마감해 외형과 마찬가지로 단순한 구조이다. 그리고 아직 옛 단청의 흔적이 많이 남

영산전 현겁천불상

아있어 연구할 가치가 있다. 천정을 받치는 대들보에 휘어진 나무를 그대로 사용한 것도 매우 인상적인데, 언뜻 똑바른 나무를 구할 수 없어 이런 나무들을 아무렇게나 사용한 것처럼 보일지도 모른다. 그러나 이곳의 모든 대들보들이 일률적으로 휘어진 모습은 마치 용이 일사분란하게 날아다니는 것 같아 역동적인 분위기를 자아낸다. 이처럼 비슷하게 휘어진 대들보 여러 개를 일부러 구하기도 힘들었을 것이기에, 이러한 자연스러운 모습은 재료 수급의 문제에서 기인한 것이 아니라 의도된 자연미였음을 짐작케 한다.

영산전 영역 북쪽, 즉 대광보전 영역을 향한 구역에는 명부전이 있다. 이곳에서 마곡천 건너 대광보전 영역을 바라보면 차안에서 피안으로 건너가기 위해 기다리는 혼령들의 심정을 느낄 수 있을 것 같다.

어쩌면 《법화경》 설법을 재현한 영산전은 실재하는 영축산, 즉 속제의 현실세계를 의미하고, 마곡천 건너 대광보전과 대웅보전은 수미산에서 33천으로 이어지는 진제의 초월적 세계를 의미한다고 볼 수 있다. 또한 오층석탑에도 4방불이 새겨져 있는데, 비로자나불, 아미타불, 약사여래불, 그리고 미륵불로 추정한다. 탑에 모셔진 사리는 석가모니불을 의미하므로 이 역시 또 다른 오방불이 내재된 것이다. 남쪽과 북쪽 영역은 이 탑을 접점으로 하여 만나고, 탑 안에 다시금 오방불이 함축되어 있으니 이 탑은 마곡사라는 공간에서 현실의 세계와 초월적 세계를 연결해주는 존재라 하겠다.

3—
불교미술대학으로서의
마곡사

앞서 대웅보전에 모셔진 불상들은 17세기 운혜 스님의 작품으로 추정된다고 설명한 바 있다. 중요한 것은 근대기까지 마곡사는 화소畵所, 즉 불교미술 공방학교의 역할을 해왔다는 사실이다. 이러한 화소는 세 곳이 유명했는데 남양주 흥국사(경산화소)와 금강산의 유점사(북방화소), 그리고 이곳 마곡사(남방화소)였다. 이처럼 마곡사는 불교미술 전문양성소의 한 축을 담당했다.

운혜 스님을 이은 주지 명단 중에 사인思印 스님도 눈에 띈다. 17세기 후반 범종 제작으로 이름을 날렸던 스님이다. 또한 마곡사의 《겸사입안완문兼使立案完文》에는 마곡사 중창에 참여한 스님 중에 철현哲玄이란 분을 '글씨를 잘 쓰고, 그림을 잘 그려 절에서 노니던 스님'이라 소개했는데, 이 분 역시 화승으로 행적을 남기고 있다.

17세기의 전통은 근대로 이어졌다. 현재 활동하고 있는 화승들의 원조라 할 수 있는 금호약효錦湖若效(1846~1928) 스님의 화풍은 보응문성普應文性(1867~1958), 금용일섭金蓉日燮(1900~1975) 등의 스님으로 계승되었고, 현대에 와서는 국가중요무형문화재 불화장이었던 석정石鼎(1928~2012) 스님으로 계승되었다. 그 분의 제자들이 불교미술계에서 활약하고 있으니, 마곡사 화파는 지금도 살아있는 전통이라 하겠다. 마곡사에는 불교미술제작 활동을 하던 분들을 기리는 불모비림佛母碑林이 있어 매년 다례재를 거행하고 있으니, 마곡사만의 독특한 불교의식이다. 금호 스님의 제자인 호은정연湖隱定淵(1882~1954) 스님의 비에는 "조선 말 마곡사에 상주하던 300여 명의 스님 중 80여 명이 화승이었다"고 하니, 마곡사는 그야말로 불교미술대학이었다고 해도 과언이 아니다.

왜 이런 예술이 마곡사에서 발전했을까? 마곡사는 자장율사로부터 무염, 범일과 같은 선종스님들, 정혜쌍수를 주장했던 지눌 스님 등에 이르기까지 다양한 사상을 지닌 스님들의 족적이 남아있는 곳이다. 그리고 이러한 가르침은 기존의 바탕을 지우고 들어선 것이 아니라 차곡차곡 쌓이면서 조화를 추구하고 소통을 추구했다. 예술이란 인간 본연의 소통을 다루는 행위이다. 종교가 지향하는 바와 예술이 지향하는 바는 이렇게 서로 닮았고, 여러 사상들이 마곡사에서 서로 융화되는 가운데 불모의 사찰이 형성되었다는 것은 결코 우연이 아닐 것이다.

仙巖寺

선암사

조계산에서 만난 선종과 교종

1—
선암사의 문이 열리다

조계산曹溪山. 선종의 절대적 존재인 육조혜능대사께서 머무시던 산의 이름을 따온 것이다. 우리나라의 많은 산 이름이 불교에서 비롯된 것이지만, 대부분 부처님이나 관음보살과 연관된 것이었지 중국의 스님과 연관된 것은 없었다. 그러나 혜능 스님이라면 다르다. 그분의 말씀은 이미 《육조단경》에서 보다시피 경전의 반열에 오르지 않았던가. 그러니 조계혜능선사를 기려 조계산이란 이름을 지은 것은 그럴만한 일이었다.

그런데 이 산 이름을 조계산이라 이름 짓고 이후 우리나라 선종을 대표하는 조계종의 삼보사찰 중 하나가 된 송광사를 창건한 것은 보조국사 지눌(知訥, 1158~1210) 선사셨지만, 여기에 선암사를 중창하고 먼저 자리를 잡으신 분은 천태종을 이끄신 대각국사 의천(義天, 1055~1101) 스님이었다. 산 하나를 두고 이렇게 고려시대의 쟁쟁한 고승 의천과 지눌 두 스님이 각각 선암사와 송광사를 키워내신 셈이다.

비록 의천 스님이 지눌 스님보다 100년 정도 앞선 인물이기 때문에 서로 만나신 적은 없지만, 그럼에도 우연인지 필연인지 조계산을 찾은 이 두 스님은 공통된 생각을 가지고 계셨다. 바로 의천 스님의 '교관겸수', 지눌 스님의 '정혜쌍수'라는 생각이다. '교관겸수'란 교종의 교학(경전)과 선종의 관법(참선)을 함께 수행한다는 뜻이고, '정혜쌍수'도 선종의 선정(직관)과 교종의 지혜(논리)를 함께 닦는다는 뜻이다. 이 두 분의 시대에는 교종과 선종이 서로를 비판하고 비방하여 갈등의 골이 깊었다고 한다. 그러나 의천 스님으로부터 비로소 두 종파의 화해와 절충적 수행방안에 대한 생각이 싹트기 시작했다. 이렇듯 대통합의 마인드를 가진 두 분이 조계산이라는 하나의 산을 찾아 들어오셨으니 조계산은 참 넉넉한 산인가 보다.

잘 알려진 바와 같이 의천 스님은 문종(재위 1046~1083)의 넷째 아들이라는 왕자의 신분으로 스님이 되셨다. 왕족으로서 세상의 이로움을 모두 버리고 출가한다는 것이 얼마나 어려운 일이었겠는가 생각도 되지만, 당시에는 그런 일이 드물지는 않았던 모양이다. 의천 스님의 동생도 도생道生 스님으로 출가한 분이다. 사실상 왕실에서 의도적으로 이름난 승려를 내기 위해 노력했다고도 보인다. 마치 피렌체의 메디치 가문에서 어떻게 해서든 기독교계에 영향력을 발휘할 수 있는 사제를 키워내기 위해 그토록 노력하다 결국은 교황까지 배출했던 사례와 비슷할 듯하다. 불교계에 있어서 나라를 대표하는 국사의 자리에까지 의천 스님이 올라 대각국사가 되셨으

선암사의 가을

니, 정치적으로나 종교적으로나 왕실이 맨 위에 있는 그야말로 제정일치를 실현한 것이다.

물론 아버지 문종이 불교개혁에 특별한 관심을 가지고 있었던 점도 주요했다. 당시 불교계는 교·선의 갈등뿐 아니라 극심히 타락하였기에 문종은 '승복을 입은 업자에 다름 아니다'는 투로 신랄하게 승단을 비판하며 부패한 사찰을 폐사시키기도 했다. 이러한 개혁을 승단 내부에서 스스로 완성해주기를 바랐을 문종은 그래서 왕실에서 승단을 이끌 지도자가 나오기를 바랐을 것이다. 이에 부응해 11세에 출가한 의천은 개경 원통사에서 주로 화엄종을 배우셨다고 한다. 또한 송나라의 정원법사淨源法師라는 분의 명성을 듣고 편지로 질문을 주고 받으며 일종의 온라인 과외수업을 통해 불교의 폭을 넓혀갔다.

그러나 만약 의천 스님이 출가 후 그냥 그렇게 왕실이 마련해놓은 길을 따라 걷기만 했다면 그러려니 했겠지만, 그러지 않았다. 첫 번째 일탈은 송나라 유학이었다. 당시는 동아시아 정세에서 거란이 송을 제치고 맹주로 떠오르고 있었다. 거란은 고려에게 계속해서 송과의 관계를 끊고 거란과만 통교할 것을 요구해왔다. 그런데 눈치도 없이 의천 스님이 송나라로 유학을 가겠다고 하니 왕실에서는 허락할 수 없었다. 그래서 의천 스님은 부왕인 문종이 승하하고 형인 선종이 즉위한 이

후, 1085년이 돼서야 변장한 채 밀항하여 겨우 송나라로 건너 갈 수 있었다.

두 번째 일탈은 왕실이 추구하던 종파와는 다른 길로 가셨다는 것이다. 당시 왕실은 법상종을 주로 지지하고 있었고, 자신이 처음 배우기 시작한 것은 화엄종이었다. 그러나 송나라 유학 동안 스님의 평생의 학으로 마음잡게 한 종파는 천태종이었다. 그는 천태종을 창시한 천태지의天台智顗(538~597)대사의 사리탑 앞에서 고려의 천태종을 부활시킬 것을 맹세했다고 한다. 이런 결심을 하게 된 것은 스님이 〈천태대사의 탑 아래서 참배하고 발원한 글〉에서 밝혔다시피 화엄의 큰 스승 징관대사께서도 "불교의 모든 다양한 가르침은 크게 보면 천태와 같다"고 하신 것에서 감동을 받았기 때문이다. 자신이 받들었던 화엄의 최고 조사가 궁극은 천태의 가르침이라고 칭송했으니, 스님께서도 천태를 중심으로 모든 교의를 하나로 회통하겠다는 뜻이다. 그러나 이러한 행보는 기득권인 화엄, 법상 모두로부터 환영받을 일은 아니었다.

귀국 후에는 왕실의 배려로 흥왕사 주지로 임명되어 대장경 간행을 이끌었다. 이것이 〈초조대장경〉에 이은 〈속장경〉으로 〈팔만대장경〉에 기초가 된 사업이었다. 고려는 대장경 간행에 관심이 많았는데, 당시 송나라는 여러 전란으로 경서들이 소실되어 의천 스님이 송나라 유학을 가셨을 때 가져간 경

봄의 승선교

전들은 이미 송나라에서 자취를 감춘 경전들도 많았다고 한다. 그래서 송나라의 불서 복원에 큰 도움이 되었다고 하는데, 반대로 그럼에도 고려에 없었던 경전들을 재차 수입해 고려로 가지고 오셨으니, 이를 기초로 속장경을 간행하셨던 것이다. 우리 문화의 자랑인 〈팔만대장경〉은 이런 지속적인 노력의 결과였다.

또한 의천 스님은 송나라 유학 중에 목격한 화폐의 유용성을 확인하고 고려에서도 그 유통을 추진하셨다. 스님이 조폐공사 사장을 맡으셨으니 무슨 일인가 싶지만, 의천 스님의 깊은 뜻을 알면 이해가 된다.《대각국사문집》에 실린 스님의 화폐유통론은 정리하자면, '화폐는 경제를 투명하게 하고, 빈부의 격차를 줄이며, 백성을 이롭게 한다'는 등 결국 중생구제의 연장선상에 있던 정책임을 알 수 있다. 스님은 이처럼 현실적인 문제에 적극 참여하는 모습을 보였지만, 속내는 천태종에 의한 불교의 개혁, 그리고 화엄, 법상의 융합, 교·선의 통합을 위한 구상에 가득차 있으셨던 것 같다. 이렇듯 고려의 수도였던 개경을 중심으로 했던 소위 '왕자 출신의 국사'로서의 행보는 그간 자신을 뒷바라지 했던 왕실에 대한 보답의 차원이자 의무 같은 것이었지만, 자신의 진정한 뜻을 펼치기 위해서는 독립적인 공간이 필요했고, 그래서 선택한 곳이 이곳 조계산 선암사였던 것이다.

2—
선암사를 들어서며

1) 승선교, 강선루, 삼인당

1704년에 호연浩然 스님이 쓴 《선암사사적기仙巖寺寺蹟記》에 의하면 선암사는 통일신라 말에 도선국사가 세웠다고 한다. 그러나 19세기에 쓰여진 다른 기록을 보면 백제 성왕 7년(529)에 신라의 아도화상이 세웠다고도 한다. 현재는 대체로 도선국사 창건설을 따르고 있다. 선암은 신선이 내려준 신령한 바위로 알려져있다. 그래서 선암사로 들어갈 때 건너야 하는 아름다운 홍예교의 이름은 승선교昇仙橋, 즉 신선의 세계로 오르는 다리다. 〈선암사승선교비〉에 의하면 이 다리는 1713년에 완성되어 별다른 변형 없이 당시의 모습을 유지하고 있다. 이 다리를 건너면 강선루降仙樓를 만난다. 즉 신선이 내려온 누각이니, 이렇게 '오름'과 '내림'을 대비시켜 그 접점이 결국 성·속의 경계가 되게 했다. 승선교의 홍예 아치 사이로 바라본 강선루는 계곡을 가로지르는 모습으로 그야말로 차안에서 피안으로 건너는 모습처럼 다가온다.

참고로 인근 보성 벌교의 홍교라는 홍예교도 선암사의 초암선사라는 분이 1729년에 세운 다리다. 아마도 승선교 건설

선암사 오르는 길, 강선루

降仙樓

의 노하우가 전수되었던 것 같다. 지금은 두 다리가 모두 보물로 지정되어 있으니 당시의 스님들은 알고 계실까?

강선루를 지나 조금 더 일주문을 향해 걷다보면 삼인당三印塘이라고 하는 연못을 만난다. 타원형의 연못은 통일신라시대의 고풍스런 연못으로 짐작된다. 당塘은 제방, 둑이라는 의미로 삼인당이 단지 관상용에 그치는 것이 아니라, 사찰 주변의 경사지를 개간하여 경작하는 데 물을 대는 중요한 시설이었을 가능성도 생각해볼 수 있다. 선암사는 곳곳에 연못이 숨어 있으며, 현재도 주변으로 차밭을 경작하고 있다. 그럼에도 삼인당처럼 가운데 섬을 띄워 운치를 더했으니 참으로 세심한 손길이라 하겠다.

2) 일주문

일주문으로 올라가는 길에는 잘 자란 나무들이 마치 원시림처럼 하늘 높이 뻗어있다. 때문에 일주문 안으로 들어서기 전까지는 그 너머 가람의 존재가 잘 드러나지 않는다. 선암사의 비밀을 감추는 듯한 작은 일주문은 그럼에도 커다란 지붕을 지니고 있다. 선암사는 특이하게도 다른 절처럼 금강역사상이나 사천왕상이 없다. 대신 이 커다란 지붕을 머리에 이고 있는 듯한 일주문이 압도하는 분위기를 자아낸다. 이 일주문은 1719년에 지어진 것으로 현재 선암사에서 가장 오래된 건물이다. 그 외의 많은 전각들은 1823년 대화재로 소실되어 그 이후에 중건한 것이 대부분이다. 한편 일주문으로 올라가는 계단의 소맷돌에 새겨진 용은 마치 집에 돌아온 주인을 반기며 계단을 뛰어내려오는 듯한 두 마리 강아지처럼 방문객을 반긴다.

일주문의 바깥쪽 현판은 '조계산 선암사'이지만, 그 안쪽에는 '고청량산해천사古淸凉山海川寺'라는 현판이 걸려있다. 보조국사 지눌 스님이 인근에 송광사를 세우고 선종의 도량으로 삼으면서 조계산으로 불렸지만, 원래는 석가모니 부처님이 머물렀던 마가다국 청량산과 같은 이름으로 불렸음을 알 수 있다. 또한 해천사라는 절 이름은 그간 절에 수많은 화재가 있어 피해가 컸던 관계로 1761년에 중창하면서 물과 관련된 글자로 절 이름을 바꾼 것일 테다. 경내 심검당의 환기창에도 '물 水'와 '바다 海'자를 새겨 두었으니 화재에 대한 염려가 얼마나 컸는지 알 수 있다.

3) 만세루

일주문 지나 범종루 아래로 들어서면 눈앞에 길게 늘어선 만세루가 시야를 막으며 버티고 있다. 만세루 아래로 지나가라는 것도 아니고 너무 당연하다는 듯이 돌아가라고 말하고 있는 듯하다. 이곳에는 호방한 필치로 쓰인 '육조고사六朝古寺'라는 큰 현판이 걸려있다. 이 편액은 서포 김만중의 부친으로 병자호란 때 강화도에서 순절한 김익겸金益兼의 글씨로 전한다. 다소 심심한 듯하면서도 장쾌하게 좌우로 벌려진 만세루와 편액에 쓰인 옛스런 글자체의 모습이 서로 닮은 듯하다.

언뜻 육조고사라 하면 육조혜능대사를 기리는 사찰이라는 뜻인 것 같은데, 자세히 보면 왕조를 의미하는 朝(조)라고 되어 있다. 혹 중국의 육조시대부터 있었던 오래된 사찰이라는 의미일까? 그것이 아니라면 육조六朝시대의 초조달마 선풍을 계승한 절이라는 의미와 육조혜능을 동시에 기리는 중의적 표현이기라도 한 것일까? 이렇듯 육조고사 현판은 경내에 들어오자마자 화두를 던지는 것처럼 문제를 제시하니, 문제를 풀지 못하면 들어갈 수 없다는 스핑크스처럼 만세루가 버티고 있는 이유를 알만하다.

3— 선암사의 전각들

1) 대웅전

만세루를 돌아 들어가면 신라시대에 세워진 쌍탑과 대웅전을 만난다. 통일신라시대의 탑이 서있다는 것은 도선국사의 창건, 혹은 그 이전부터 선암사가 상당한 규모의 사찰이었음을 알려주는 단서이다. 한편 대웅전 계단 앞쪽에 놓인 두 쌍의 석조지주는 선암사 〈석가모니불괘불탱〉을 걸기 위한 것이다. 보통 나란히 서있는 경우가 많은데, 선암사 지주는 마치 안쪽으로 돌아선 듯 반측면으로 늘어선 것이 독특하다. 때문에 괘불을 걸지 않는 평소에도 마치 대웅전 계단으로 우리를 안내하는 듯하다.

선암사 괘불은 주변 인물들을 과감히 생략하고 오로지 석가모니 부처님 한 분을 압도적인 분위기로 묘사한 작품이다. 1753년에 그려진 것으로 높이는 12.5m이다. 세부 묘사를 보면 가사의 촘촘한 꽃무늬가 정교하고 섬세하다. 상단 좌우에는 오직 시방제불과 다보탑만을 묘사하여 이 장면이 《법화경》 설법 장면이라는 것을 분명하면서도 간명하게 드러낸 걸작이자 개성 넘치는 작품이다.

그런데 재밌게도 선암사의 부속암자인 대각암으로 올라가는 길목에 이와 유사한 도상의 선각 마애불이 새겨져있다. 대략 고려시대의 작품으로 보고 있는데, 그렇다면 선암사 괘불에서와 같은 조선시대의 도상이 어느 날 갑자기 만들어진 것이 아니라 이처럼 고려에서부터 마애불에 사용되었던 도상이 점차 거대한 괘불의 도상으로 옮겨왔음을 짐작하게 하는 단

선암사 대웅전

三十二相百千光

서가 된다. 특히 이렇게 한 사역에 비슷한 도상의 마애불과 괘불이 함께 존재하는 것은 특별히 중요한 경우라 하겠다.

선암사의 주불전이 석가모니 부처님을 모신 대웅전인 것은 그만큼 천태종의 핵심사상인《법화경》의 주존 석가모니 부처님을 핵심에 두고 있음을 보여준다. 이 대웅전은 정유재란으로 소실된 후 1660년에 재건되었다가 1766년에 다시 불에 타, 지금의 대웅전은 1824년에 중건된 것이다. 이 법당처럼 조선 후기에는 정면 3칸, 측면 3칸의 팔작지붕 건축이 가장 보편적인 형식으로 자리 잡았다. 그러나 같은 형식이라도 지역마다 시대마다 개성이 뚜렷하다. 선암사 대웅전은 선이 굵고 호방하며 더 웅장해보이는 것이 특징이다. 안으로 들어가 보면 대들보가 큰 용처럼 양쪽 옆에서 솟구쳐 나와 더욱 역동적으로 표현되었다.

불상을 봉안한 방법도 특이한데 협시보살도 없이 석가모니 부처님 한 분만 모셔져 있다. 선암사 〈석가모니불괘불탱〉이 석가모니 부처님 단독으로 그려진 것과 유사하다. 1660년대 선암사가 중건된 이후로는 침굉현변枕肱懸辯(1616~1684) 스님과 그 분의 제자 호암약휴護巖若休(1664~1738) 스님 등에 의해 엄격한 선풍이 확립되었다. 특히 염불수행을 강조했고, 그 중에서도 호암 스님은《법화경》 염송을 수행으로 삼았다 하니 오직 석가모니 부처님을 강조하기 위한 시각적 장치로 이

대웅전 내부

해된다. 이렇게 석가모니 한분만 모셨기 때문인지 선암사 대웅전 안에서는 부처님을 독대하는 느낌이다. 건물마저도 열렬히 부처님께 다가가려는 듯 손을 뻗치고 있는 것 같다. 천장 아래로 여러 단의 공포가 중앙을 향해 뻗어있는데, 각 단의 끝부분을 연꽃 모양으로 조각했다. 그런데 맨 아래는 위로 핀 연꽃, 그 위는 아직 피지 않은 봉오리, 그 위는 아래로 핀 연꽃들이 번갈아가며 나타나는데, 이 연꽃들이 새겨진 공포 부재가 마치 연꽃의 구불구불한 줄기처럼 보이면서 모든 식물이 햇빛을 찾아 가듯, 이 연꽃은 중앙의 부처님을 향해 자라고 있는 것처럼 보인다. 건물 안에 들어선 사람의 마음도 이 건축에 동화되어 마음과 정신이 모두 중앙의 부처님께 흡수되는 그런 공간이다.

2) 부속 전각들과 가람배치

대웅전 앞뜰에서 보면 선암사는 상당히 질서 있는 가람배치를 보인다. 산지가람이지만 대웅전을 중심으로 좌우로 늘어선 전각들은 질서가 있지만 딱딱하게 느껴지지 않는다. 이것은 전체 가람배치는 좌우대칭이지만 건물 하나하나는 매우 자유분방한 모습이기 때문이다. 그래서 전각들은 공간을 감싸고 있지만 폐쇄적이지 않고 그 공간에 들어선 사람을 더 깊은 안쪽으로 인도하는 모습이다.

사실 선암사의 진짜 매력은 대웅전 뒤편의 사역에 있다. 보통 산지가람은 대웅전이 경내의 맨 위이자 맨 끝에 자리 잡고 있다. 뒤로 갈수록 지형이 높아지기 때문에 금당이 가장 높은 안쪽에 배치되는 것이 보통이다. 주불전 뒤편으로 물론 산신각이나 칠성각 같은 부속 전각들이 있지만 옆으로 비껴있다. 하지만 선암사는 다르다. 일주문에서 범종루, 만세루, 그리고 대웅전까지는 동선이 다소 급한 느낌이다. 그만큼 전각들이 전면에 몰려있다. 대웅전이라는 주인공이 맨 앞을 인도하고 그 뒤로 다양한 전각들이 뒤따르는 모양새다. 다시 말해 대웅전이 앞부분으로 돌출되어 있고, 그 뒤로 꽤 넓은 숨겨진 공간이 펼쳐지는 가람배치다.

선암사의 이러한 특징은 안쪽 깊숙한 곳으로 이어지는 길에 담겨있다. 그 길 옆으로 전각들이 빼곡히 늘어서있다. 보통은 높은 축대나 다른 전각들로 시야가 막히기도 하지만, 여기서는 마치 저 안쪽에 또 하나의 중심 공간이 있는 것처럼 끌어들이는 매력이 있다. 거기다 지붕선들이 넘실넘실 이어지는 모습은 흥겹기까지 하다.

이 뒤쪽 공간을 돌아다니다보면 왠지 작은 마을의 골목길을 헤집고 다니는 기분이 든다. 부속 전각들은 별도의 돌담을 두르고 있고, 또 돌담에 어울리는 꽃나무들이 있어 더욱 독립된 공간으로 느껴진다. 그러다보니 작은 시골집들이 모여있는 전통마을을 거니는 느낌이 든다. 선암사는 결국 그 자체로 산속에 들어앉은 작은 마을이다.

3) 원통전

빼곡하면서도 짜임새있게 자리 잡은 전각들 중에서 단연 돋보이는 것은 원통전이다. 관음보살을 모신 이 전각은 정자각 형태인데 전각 앞에서 보면 학 한 마리가 고개를 길게 내밀고 날개를 활짝 편 모습이어서 장관이다. 이 전각은 정조가 아들이 없어 선암사 눌암대사에게 기도를 부탁했을 때 기도를 올

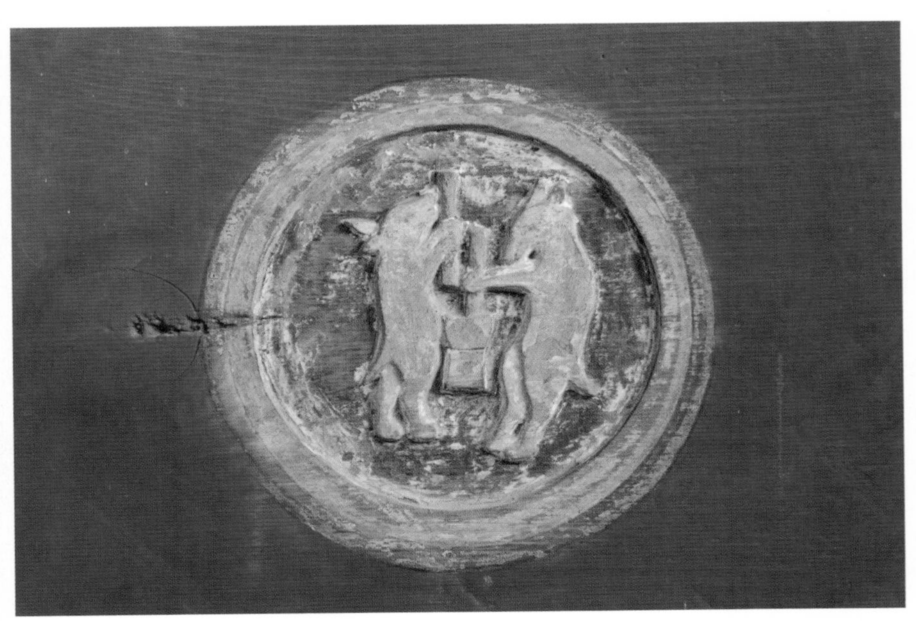
선암사 원통전 문살

린 곳이다. 그 결과 아들이 태어났는데, 이 아들이 커서 순조로 즉위한 후 감사의 뜻으로 대복전大福田이라는 편액을 직접 써서 내려 보낸 것으로 유명하다. 현재 그 현판은 건물 안에 걸려있다. 건물 안으로 들어서면 마치 또 하나의 방이 있는 것처럼 이중으로 구획된 것이 눈에 띄는데, 이는 왕실 원당 건축의 특징이기도 하다.

이곳에 모셔진 관음보살은 또 다른 사연이 있다. 호암선사라는 분이 선암사 뒤 배바위에 올라 관음보살께 임진왜란으로 불탄 선암사 복구를 도와달라고 매일 간절한 기도를 올렸으나 반응이 없었다. 실망한 스님이 배바위 밑으로 몸을 던졌는데, 그때 코끼리를 탄 선녀가 나타나 스님의 몸을 받아 다시 배바위 위에 올려놓고는 쉽게 목숨을 끊으려 한 스님을 나무랐다. 이 선녀는 사실 관음보살이셨는데, 감동을 받은 스님은 이때 뵌 관음보살의 모습을 담아 지금의 원통전을 세우고 관음보살상을 만들었다고 한다.

4) 장경각, 무우전

원통전 옆으로는 장경각이 위치해있다. 지금은 평범한 3칸의 팔작지붕 건물이지만, 1929년에 촬영된 사진을 보면 중층 구조처럼 세워진 전각이었다. 어떻게 보면 조선왕조실록을 보관하던 오대산의 사고史庫처럼 생겼다. 원래의 목적이 경전을 보관하는 곳이니 아마 사고 건축과 유사한 것도 그 때문일 것이다. 특히 대각국사께서 송나라에 고려의 불경을 전하고, 송의 경전을 새롭게 들여와 고려의 《대장경》을 보완하였으니 《대장경》 역사에 미친 영향도 매우 크다. 어쩌면 이곳은 대각국사께서 개성에서 정비한 속장경 한 질이 모두 소장된 최고의 도서관이었으리라. 현재도 장경각 안에는 경판들이 보관되고 있는데, 그에 걸맞는 1920년대의 웅장한 전각이 남아있었더라면 더 좋았겠다는 아쉬움이 남는다.

한편 원통전 영역과 스님들의 수행공간인 무우전을 둘러싼 담장 사이로 난 길은 선암사 중창비가 있는 곳으로 가는 길인데, 양 옆으로 매화나무가 드리워져 있어 특히 아름답다. 봄이 되면 한쪽은 홍매, 한쪽은 백매가 피는데 선암사와 역사를 함께 해왔다.

4— 선암사의 스님들

1) 선암사 중수비와 사리탑

이 길을 따라 가면 선암사 중수비와 선암사 사적비가 나온다. 선암사 중수비는 호암약휴 스님이 임란 때 불탄 선암사를 1698년부터 8년 동안 중수한 것을 기념하기 위하여 1707년에 건립한 것이다. 경잠敬岑, 경준敬俊, 문정文正 스님이 중창하기 시작했고, 뒤이어 약휴 스님이 이를 완성했다는 기록이다. 특히 당시 불사에 참여한 사람들의 명단을 빼곡이 적은 것이 무척 인상적이다. 일일이 다 적을 수 없어 '선암사에 상주하던 250인의 승려'라고도 적었는데 당시 선암사의 위세를 짐작할 수 있다. 조선시대의 탑비임에도 고려시대의 장중한 탑비들을 염두에 둔 듯 비를 받치고 있는 귀부와 꼭대기의 이수는 매우 근엄하고 단정하다. 그럼에도 귀부의 거북이가 앞발을 마치 절을 하듯 가슴 쪽으로 모은 귀여운 모습은 이 중수비의 매력이다.

선암사에는 오래전부터 전해오던 스님들의 사리탑이 있는데 그중에서 3기가 보물로 지정되어 있다. 선암사를 중심으로 그 위치에 따라 동승탑, 북승탑으로 불리고 대각암에도 1기가 있다. 대각암 승탑의 탑 몸체가 팔각형으로 되어 있는 것은 통일신라시대의 전통이지만, 여기서는 낮으면서 옆으로 벌어져 있고 지붕도 안정감있게 넓게 펼쳐지면서 장중한 멋이 느껴지며 지붕 끝의 귀꽃이 유독 크게 강조되어 화려함을 더했다. 맨 아래 대좌는 구름을 표현한 것인데 신성한 기운을 묘사한 것으로 보인다. 공식적으로 대각국사의 비와 부도는 개성 영통사에 모셔져 있다. 선암사 대각암 승탑은 명문이나 비가 없어 확실히 알 수 없지만, 선암사가 대각국사께 소중한 장소였던만큼 이곳에도 흔적을 남겼을 가능성은 매우 높아 보인다.

북승탑은 대각암 승탑을 모델로 만들어진 것 같다. 커다란 귀꽃, 안정감 있게 옆으로 퍼진 듯한 비례 등이 그렇다. 그러나 대각암 승탑이 직선적이라면, 북승탑은 곡선적이다. 대좌와 몸체 사이에 들어가는 중대석이라는 받침은 마치 부풀어 오른 듯 둥그스름하고 대좌의 구름 문양도 더 입체적으로 부풀어 오르는 것처럼 묘사했다. 이에 반해 동승탑은 전통적인 비례를 지닌 승탑인데 두 승탑보다 더 크고 가장 오래된 것으로 보인다. 팔각형의 몸체는 위로 올라갈수록 좁아지는 것이 연곡사 동승탑하고 닮았다. 그런데 선암사 동승탑의 특이한 점은 몸체를 받치고 있는 연꽃잎이 새겨진 상대석 아래로 마치 무엇인가 흘러내리는 것처럼 물결무늬가 새겨진 점이다. 선암사처럼 오래된 승탑들이 한꺼번에 많이 남아있는 경우는 흔치 않다. 이는 선암사의 역사가 그만큼 오래되었고, 그 오랜 전통을 잘 지켜왔다는 뜻이기도 하다.

이들 승탑 외에 조선시대 활동했던 스님들의 승탑은 서부도전西浮屠田으로 불리는 곳에 모여있다. 이 시기의 승탑은 모두 종형 사리탑 형식이다. 선암사의 중창을 이끈 호암약휴 스님을 비롯한 많은 스님들이 모셔져 있어 이 부도밭에 들어서면 엄숙해진다. 이 부도밭 옆에는 서부도암이라는 암자가 세워져 있었던 것 같은데, 여기에 걸려있었다는 감로탱화가 선암사에 전한다. 이 〈선암사서부도암감로왕도仙巖寺西浮屠庵甘露王圖〉는 1736년에 의겸화파義謙畫派에 의해 조성된 작품으로 《불설우란분경》의 내용을 바탕으로 그린 것이다. 의겸은 조선시대 최고의 화사로 평가받는 스님이다. 하늘 부분은 부처님들과 구름으로 가득차 역동적인 반면, 지상 세계는 자그마한 중생들이 옹기종기 모여 하찮은 일들에 얽매어 있는 것이 눈에 선하다. 또한 여백도 많아 전체적으로 위가 무겁고 아래

선암사 백매

가 가벼운 느낌이다. 그림에는 불꽃에 휩싸인 아귀 둘이 묘사되어 있고, 주변으로는 여러 업보와 죽음을 묘사한 장면들이 종류별로 그려져 있다. 18세기 조선의 일상적인 모습이리라. 화면 중단에는 재를 올리는 불단과 재를 거행하는 승려들이 그려졌고, 그 위에는 감로수를 내려주고 아귀와 떠도는 혼령들을 구제하는 일곱 분의 부처님이 나란히 묘사되었다.

시끄럽고 혼잡하면서도 희망에 찬 이 그림은 17세기까지 정립된 감로왕 도상을 계승하면서도 그것을 작가 의겸만의 개성으로 녹여낸 감로도의 걸작이라 평할 수 있다.

선암사에는 이 부도밭 외에 승선교를 건너기 전에도 탑비전이라 하는 부도밭이 있다. 이곳에는 승탑과 비석이 함께 세워져 있는데, 그중 1782년에 세워진 상월대사탑비가 있고, 1928년경 세워진 화산대사탑이 사사자석탑 형식으로 독특하다. 그리고 주지를 맡았던 스님이 묘향산에서 입적했기 때문에 묘향산을 향해 방향을 틀어놓은 비석도 있다. 이런 기발한 파격도 주저치 않았던 선암사 스님들의 감각에 다시금 놀라게 된다.

2) 달마전 수조와 연못

평소 개방되지는 않지만, 스님들의 요사채와 선방으로 쓰이는 달마전의 수조 역시 영화의 배경으로 등장한 바도 있어 유명하다. 산에서 내려오는 약수를 나무통으로 길게 연결해서 4개의 석조수조에 차례로 흐르게 하였다. 달마전 안에는 이 물로 차를 다릴 수 있는 차구가 준비되어 있으니 그야말로 스님들만의 카페인 셈이다. 수조들은 네모, 원형, 타원형 등 각각이고, 맨 마지막 수조는 한 번 꺾여서 놓였다. 그럼에도 질서 있어 보이고 서로 잘 어울린다. 조계산에서 흘러드는 물은 경내의 여러 연못으로 스며든다. 앞서 잠시 언급했지만, 선암사에는 연못이 많다. 삼인당과 같은 사역 주변의 연못은 논이나 차밭을 가꾸는 데 필요한 물을 대는 연못이었겠지만, 전각들 사이사이 자리한 연못은 아마 화재를 대비한 목적도 있을 것이다.

경내 연못 중 가장 유명한 것은 쌍지雙池와 방지方池다. 쌍지는 두 연못이 나란히 있다 하여 붙은 이름인데, 서쪽 영역인 설선당과 창파당 사이에 있다. 방지는 아담하고 네모난 연못인데 북쪽 장경각과 노전 사이에 조성되었다. 이들 연못으로 모였던 물은 다시 흘러 삼인당으로 빠져나간다. 이들 연못에도 가운데 큰 돌을 세워 운치를 더했다.

3) 진영당과 조사당, 불조전과 팔상전

스님들의 행적은 승탑으로만 남은 것은 아니다. 대각국사 의천 스님과 이보다 앞서 선암사를 창건한 것으로 전해지는 도

달마전 수조

선국사 두 분의 진영이 전하는데, 모두 보물로 지정되어 있다. 의천 스님은 왕자 출신답게 당당하고 강인한 이미지로 그려진 것이 느껴진다. 송나라로의 용감한 밀항, 정열적으로 경전을 구입해 고려에서 다시 판각한 열정, 화폐주조를 주장한 냉철함, 교선을 아우르는 열린 생각 등 스님의 모습이 정말 이러셨구나 싶다. 한편 도선국사는 호리호리하고 약간 등이 굽은 단아한 모습으로 묘사되었다. 도선국사는 입적 후 국사로 추증되었다. 스님 옆 탁자 위에 큰 인장함이 놓여있는데, 이는 필시 고려의 왕들이 스님께 드렸던 마음의 징표이리라.

원래 이들 진영은 고승의 진영을 모신 진영당에 걸려있었던 것이다. 선암사에서는 고승들의 진영을 모신 전각으로 진영당 외에 조사당, 불조전 등이 있다. 불조전은 53불과 과거칠불을 모시고 있다. 특히 53불상과 53불화는 호암약휴 스님이 조성하여 모신 것이다.

한편 선암사 조사당은 정면 1칸, 측면 1칸으로 지어졌다. 선종의 역사를 보여주는 보리달마대사와 육조혜능대사, 그리고 태고종과 조계종의 근원인 임제종을 창립한 임제의현선사와 그 맥을 이은 양기방회선사, 더불어 임제의 법손으로 태고보우 스님께 가사를 전한 석옥청공선사 등 중국 5대 선사 진영과 함께 우리나라의 태고종 종조이자 조계종 중흥조인 태고보우국사 진영, 그리고 조선 후기 선암사의 선풍을 확립한 침

광현변선사의 진영을 모셨다. 이중에 침굉당 현변 선사 진영은 조선시대 진영 미술의 걸작이지만 도난 당해 지금은 모사본이 걸려있어 안타까움을 자아낸다.

선암사에서 보물로 지정된 불화 중에는 〈33조사도〉도 있는데, 지금은 성보박물관에 옮겨져 있지만 원래는 팔상전에 걸려있었다. 이 불화는 석가모니 부처님 이후 법을 이은 가섭존자와 아난존자로부터 육조혜능 스님까지의 초상을 연이어 그린 작품이다. 이 작품은 1753년에 그려진 것인데 화풍으로 보아 의겸 화사의 제자들이 그린 것으로 추정한다.

이들 조사당, 불조전, 팔상전 세 전각은 대웅전 뒤에 일직선으로 나란히 자리 잡고 있다. 불조전의 여러 부처님들, 팔상전의 가섭에서 혜능에 이르는 33조사, 조사당의 혜능선사와 그 이후의 제자들이 마치 연결고리처럼 이어져 지금까지 불법이 면면히 흐르고 있는 모습을 보여주고 있는 셈이다.

5—
그 밖의 성보문화재

1) 동종

선암사의 중요 보물 중에는 조선시대의 동종이 두 점이나 있다. 1700년에 조성된 동종은 높이 120cm로 조선시대 동종으로는 대형에 속한다. 원래 선암사 범종루에 걸려있던 것으로 보물 1558호로 지정되었다. 통일신라와 고려의 범종은 아래 부분이 다소 오무려지거나 수직으로 흘러내리는 형식인데 반해 선암사 동종처럼 아래 부분이 오히려 벌어지는 모양과 왕실의 축수를 기원하는 위패를 새긴 것이 조선 범종의 특징이다. 또 다른 종은 1657년 보성 대원사 부도암에 걸기 위해 만들어진 종이었는데, 선암사 대각암으로 옮겨 걸려있었다. 높이는 82cm 가량으로 아담하지만, 화려한 장엄이 돋보이고, 특히 상단에 달린 용조각이 매우 역동적이다.

2) 해우소

끝으로 빠뜨릴 수 없는 것이 선암사 해우소이다. 최소한 1900년대 초반에 세워진 것으로 보고 있으니, 재래식 화장실의 원형이라 할만하다. 이것은 단순한 화장실이 아니라 보제루나 우화루 같은 거대한 누각 건축의 기본 뼈대를 갖추고 있어 무척이나 아름답기까지 하다. 더구나 친환경적인 순환시스템을 갖춘 선암사 해우소는 오늘날 대량생산과 대량소비의 물질만능주의에 대한 대안적 모습을 보여주고 있다.

선암사에는 이 외에도 발길 닿는 곳마다 멋진 비석과 승탑, 불화 등이 가득 들어서있어 이야기하자면 한없이 길어지기에

선암사 해우소

일일이 소개하기 어려운 아쉬움이 있다. 특히 이번에 유네스코 세계유산으로 등재된 한국의 산사 가운데 하나로서 그 각별한 아름다움은 이제 세계 모두의 것이 되었으니 더욱 사랑받는 사찰이 될 것임에 틀림없다.

大興寺

대흥사

불교、전통에 서다

1—
역동적 사상이 꿈틀대던 해남과 불교

조선의 성리학은 크게 영남학파와 기호학파로 나뉜다. 영남학파는 경상도를 중심으로 주리론主理論을 강조했으며, 회재 이언적, 퇴계 이황이 대표적이다. 반면 기호학파는 수도권과 호남을 중심으로 주기론主氣論을 주창했으며 고봉 기대승과 율곡 이이가 대표적이다.

주리론과 주기론의 논쟁은 퇴계와 고봉이 나눴던 사단칠정四端七情 논쟁의 중심 주제였는데, 이를 서양철학에 빗대어 간단히 설명해보면, 주리론은 합리론, 주기론은 경험론에 비유될 수 있을 것 같다. 너무 단순화된 감이 있지만, 다만 단지 서양근대철학이 합리론·경험론으로 논쟁하고 있을 때, 이보다 조금 앞서 조선 성리학계는 주리론·주기론의 논쟁이 진행되었다는 것은 여하간 좋은 비교가 될 듯하다. 한편 주리론과 주기론을 각각 원리주의적 입장과 경험주의적 입장으로 설명하기도 한다. 그래서 주리론은 도덕명분주의, 주기론은 북학파와 실학사상으로 계승된 것으로 평가된다. 이와 같은 차이는 경상도 지역에서는 규범에 철저한 서원 문화를 낳았고, 전라도 지역에서는 낭만적이고 자유분방한 정원문화를 만들어 내었다. 해남 대흥사 역시 그러한 큰 흐름 속에서 성장했다.

대흥사는 대둔사, 또는 순우리말로 '한듬절'이라고도 불렸다. 창건은 언제인지 확실하지 않지만 1823년 아마도 정약용을 필두로 편찬된 〈대둔사지大芚寺誌〉에는 대흥사 창건에 관한 다양한 설들이 정리되어 있다. 그러나 514년 아도화상의 창건설, 426년 신라 정관 스님이 창건하여 만일암이라 했다는 기록, 508년에 어떤 스님이 중건하였다는 설, 그리고 875년에 도선 스님이 당나라에서 귀국하여 500개의 사찰을 세울 것을 상소한 가운데 대흥사도 포함되어 있었다는 설 등을 소개한 후 〈대둔사지〉의 편찬자들은 이러한 설들이 신빙성이 낮다고 보고 통일신라시대 말엽에 창건된 것으로 추정했다. 경내 응진전 앞에 있는 통일신라시대의 삼층석탑을 보면, 대흥사는 최소한 통일신라 후기에는 이미 창건되었을 것이다.

또한 〈동국여지승람〉에는 대흥사에 신암, 충은, 성유 등 세 스님의 부도가 있었다고 전하며, 이 스님들의 행적이 알려지지는 않았지만 대체로 고려시대에 활동했던 것으로 추정된다. 따라서 대흥사는 고려시대에도 이 지역에서 혹은 국가적으로 비중있는 사찰이었음을 짐작할 수 있지만, 그 실체는 파악하기 어렵다.

그러던 대흥사가 주요한 무대로 등장한 것은 서산대사 청허휴정(1520~1604) 스님에서 비롯되었다. 임진왜란이 발발하

대흥사 부도전

자 선조는 서산대사에게 팔도도총섭이라는 중책을 맡겼고, 이에 스님은 제자 유정, 처영, 영규와 함께 승군을 일으켜 임진왜란에 큰 전기를 마련했다.

서산대사는 묘향산에서 대부분의 일생을 보냈지만 출가 초창기에 대흥사에서 수행을 했다고 한다. 특히 왜란 중에는 대흥사를 승군의 본영으로 삼아 진두지휘하였다. 이 과정에서 대흥사의 지리적 중요성을 단번에 알아챈 것일까.

승군의 체계를 잡아놓은 서산대사는 유정, 처영 스님께 지휘를 부탁하고 묘향산으로 다시 들어가 그곳에서 입적했다. 그리고 입적하기 전에 자신의 발우와 가사를 대흥사에 전할 것이며 그곳에서 1년에 한 번씩 제사를 지낼 것까지 꼼꼼하게 당부했다. 의발을 전한다는 것은 그곳이 조선불교의 새로운 중심이 된다는 의미이다.

서산대사께서는 왜 이토록 대흥사를 중요시했을까. 추사 김정희의 제자이자 전라우수사로 해남에 와있던 신관호가 1846년에 쓴 〈표충사보장록〉에 의하면 서산대사는 대흥사 자리를 "만세에 허물어지지 않을 땅(萬世不毁之地)"으로 평가했다고 한다. 또한 그 이유에 대해 크게 세 가지를 꼽았다. 첫째는 월출산, 달마산, 천관산, 선은산에 둘러쌓여 철마다 절경을 이루고 농산물이 풍족한 땅이기 때문이며, 둘째는 비록 왕의 감화가 땅끝까지 미친다고는 하나 그곳은 매우 외진 곳이어서 자칫 충심이 일어나지 않을 수 있으므로 자신이 국가에 충성한 것으로서 표본을 삼고자 함이며, 셋째로는 처영과 같은 제자들이 주로 남방에 살고 있으며, 자신도 출가 후 두륜산에서 수행한 바 있기 때문이라는 것이다.

첫 번째 이유는 충분히 납득이 된다. 앞서 말했다시피 산사는 사찰이 독립적인 경제생활을 영위하기 위한 목적도 있으므로 풍부한 물산이 분명 필요했을 것이다. 특히 점차 경작기술이 발전하면서 산간의 계단식 경작지 대신 곡창지대로서의 평야 호남의 역할이 더더욱 중요시되고 있었기 때문에 그러한 측면에서 보자면 경제력의 확보라는 관점에서 호남으로 본영을 옮기는 것은 충분히 설득력이 있다.

한편 두 번째 이유는 자칫 위험하게도 들린다. 해남 땅끝에는 국왕의 감화가 미치지 못할지도 모른다니, 그래서 자칫 충성스럽지 않을 수도 있기에 승려가 나서 모범이 되고자 한다니 이것이 왕을 위하는 말인지, 아니면 무시하는 말인지 조금 머뭇거려진다. 더구나 서산대사는 왕실 문정왕후의 절대적 후원을 받았던 허응당 보우대사의 후임으로 봉은사 주지를 맡는 등 정치권에도 꽤 가까이 다가간 바도 있으셨지만 불교중흥책을 펼쳤던 보우대사가 선비들의 탄핵을 받는 것을 보고는 일찌감치 정치로부터 벗어나 금강산, 묘향산, 지리산 등을 주유하기도 하셨다. 그러는 동안 어느 산중에서 보우대사가 제주도 유배되었다는 소식과 함께 곧이어 몽둥이에 맞아 돌아가셨다는 비보도 접했을 것이다. 그런 서산대사가 이토록 '충'을 중요시했다는 것이 조금 새삼스럽다.

물론 선조의 명을 받들어 승병을 일으켰던 만큼 스님께 '충'이 없지는 않았겠지만, 의발을 대흥사에 전하여 정통성을 옮길만큼 중요한 일이었을까. 그보다 오히려 국왕의 감화가 미치지 못할만큼 정치에서 먼 곳에 승려들이 머물기를 바랐던 스승의 마음이 아니었을까. 물론 한편으로는 모처럼 찾아온 불교승단에 대한 국왕의 관심과 원조가 결코 가볍게 느껴지지 않았을 것이다. 자신의 처신에 따라 조선 승단의 운명이 좌우되는 시점에서 그가 할 수 있는 일은 아마도 국왕께 충분히 감사하되 결코 정치권에 가까이 가지는 않는 것이었을지도 모르겠다.

세 번째 이유도 진의를 파악하기 어렵다. 우선 처영 등의 제자들이 남방에 머물고 있다고 했는데, 보통 의발은 자신의 상수제자에게 부촉하며 전하는 것이다. 서산대사처럼 사찰에 전하는 것은 조금 특별한 경우가 아닌가 생각된다. 호남에서 승병을 이끌고 궐기한 처영만을 유지에서 언급한 것은 결국 처영에게 의발을 전한다는 것을 에둘러 표현한 것일까. 만약 그렇다면 관동지역에서 궐기한 사명대사 같은 제자나 혹은 묘향산에 머물고 있는 제자들은 서운했을 법도 하다. 때문에 혹 특정 제자를 상수로 내세우기보다는 대흥사를 중심으로 모두 함께 이끌어 가달라는 당부의 메시지를 남기셨던 것일지도 모르겠다.

여하간 서산대사의 유지에 따라 대흥사에는 서산대사의 사리탑과 비가 세워졌으며, 또한 의발도 전해졌다. 서산대사는 비록 억불숭유시대의 큰 고비를 묘향산에서 보냈지만, 이후 맞이하게 될 새 시대를 준비하기 위해서는 넓은 호남에 자리한 대흥사가 제격이라고 생각했을 것이다. 실제로 임진왜란 이후 조선불교의 위상은 크게 달라졌고, 그만큼 대흥사의 역할도 커졌다. 대흥사에서는 조선불교를 이끌어간 걸출한 열세 분의 대종사와 열세 분의 대강사를 배출했다. 송광사가 고려시대 열여섯 분의 국사를 배출한 것에 다소 가려졌지만, 대흥사는 그야말로 조선의 승보사찰이라 하겠으며, 그 자체로서 조선불교의 역사가 된 것이다.

특히나 조선 후기에는 많은 명사들이 해남 땅에 유배를 왔고, 대흥사 스님들과 교류가 이루어졌다. 이는 비록 소외된 자들의 만남일지 모르나, 결과적으로 보면 당대 최고 지식인들과의 교류였고, 역사는 오히려 이들의 교류를 기억하게 되었다. 그중에 다산 정약용과 추사 김정희가 있었다. 이러한 교류를 통해 비로소 불교는 지식인들의 인정을 받으며 전통의 편에 서게 되었다. 왕실의 후원과 민중의 믿음을 오래전에 얻고

서도 늘 이방의 종교였던 불교가 미래를 엿보고 있던 지식인들에 의해 인정받음으로써 전통 종교로 확고하게 자리 잡게 된 것이다. 대흥사는 바로 그 무대였다고 해도 과언이 아니다.

2—
하나인 듯 별개인 듯
공존하는 세 개의 원

통도사와 마곡사에서도 여러 개의 원이 모여 하나의 가람을 이루는 것을 볼 수 있었다. 대흥사 역시 세 개의 원으로 구성되어 있지만 세 원이 결합되는 방식은 또 다르다. 통도사는 가까이 있으되 질서정연하게 나란히 배치되었고, 마곡사는 다소 자유분방하게 자리 잡고 있지만 서로 유기적으로 호응하여 완전한 하나를 이루고 있다. 이와는 달리 대흥사는 각각 독립적인 원으로 구성하여 서로 일정한 거리를 두고 떨어져서 서로 별개의 절인 것처럼 배치되었다.

세 원은 북원, 남원, 별원으로 나뉘는데, 각각 대웅보전, 천불전, 표충사를 중심 전각으로 한다. 남북축선으로 북쪽에 대웅보전 영역이 중심이 되어 그 아래 남쪽으로 두 원이 배치되었다고 볼 수도 있다. 하지만 공간적 측면에서 보자면 천불전

대흥사 법고

영역을 중심으로 대웅보전 영역과 표충사 영역이 중심을 향해 좌우에 배치된 모습으로 볼 수도 있다. 이렇듯 세 원이 자유롭게 배치되었으나 어떤 입장에서 보느냐에 따라 각각 가장 중요한 위치가 되니, 이 배치의 자유로움은 서로의 유기적 성격을 유지하면서도 독립성을 최대한 이끌어내기 위한 방편이라 하겠다.

1) 북원

일주문을 지나 '해탈문' 현판 아래로 들어서면 다른 절과는 달리 어디로 가야 하나 머뭇거리게 만드는 것이 대흥사의 매력이다. 해탈문 현판은 원교圓嶠 이광사李匡師(1705~1777)가 쓴 것이다. 금당천 계곡 물소리가 들리고, 수령 500년의 멋진 아름드리 느티나무 뿌리가 연이어 있는 왼쪽으로 향한다. 그곳이 북원北院으로 가는 길이다.

남북축선의 가람배치에서 북쪽에 위치한 북원은 아마도 대흥사에서 제일 먼저 터를 잡은 사역으로 생각된다. 그러나 만약 지형이 북쪽으로 갈수록 높아지는 형상이라면 북원이 가장 안쪽 높은 곳이 되어 대흥사의 중심 영역이 되겠지만, 실제 지형은 그렇지 않다. 진입로는 서에서 동으로 들어가고 지대도 북쪽이 조금 낮기 때문에 북원이 중심인 것처럼 보이지는 않는다.

금당천 너머 북원은 장중하다. '진리를 찾는다'는 심진교尋眞橋를 건너면 웅장한 침계루가 버티고 서있다. 침계루의 편액 역시 이광사의 글씨다. 이광사의 부친은 노론을 탄핵하다 유배되어 아들인 이광사의 벼슬길도 막혔고, 설상가상 나주 벽서사건에 연루되어 본인도 죽을 때까지 풀리지 못한 유배를 떠나게 되었다.

대신 그는 울분을 학문과 서예로 달랬다. 특히 그의 서체는 신라시대의 명필 김생의 왕희지체를 바탕으로 하고 있다. 당시는 원의 영향으로 고려 말 이래 조맹부의 송설체가 특히 유행하던 터라 이들의 왕희지체는 일종의 복고풍 성격을 지닌 것이었다. 그는 학문에 있어서도 당시의 주류였던 성리학파가 아닌 양명학파에 속했다. 양명학은 주자의 가르침이 아닌 공자의 원래의 가르침으로 돌아가자는 복고적 사상이었으니, 학문과 서체가 궤를 같이 하는 듯하다. 이광사는 정제두, 윤순에게 배우며 사상과 서체를 함께 습득했고, 나아가 자신의 격정을 더욱 격렬하게 구불구불 담아낸 그만의 서체를 탄생시켰다.

마침 그가 해남 신지도에 유배되는 바람에 근처의 사찰들은 명필 이광사의 편액을 받으려고 부단히 노력했다고 한다. 서체도 독특하고 아름다우려니와 구불구불한 형상이 마치 물결과 같아 절의 화재를 막아준다고도 했다 하니 흥미롭다. 특

가을의 대흥사

大雄

히나 심즉리心卽理를 주창한 양명학과 즉심시불卽心是佛을 강조한 선종은 성리학의 조선에서 둘 다 이단이라는 설움을 공유했으니 글씨를 통해 이심전심으로 위안을 받았을 것이다. 여하간 이 멋진 '침계루' 현판 아래로 누각의 문이 열려있을라 치면 그 안에는 달덩이 같이 거대한 법고가 달려있다. 저녁 예불을 알리는 법고가 울릴 때면 전운이 감도는 듯한 긴장감과 동시에 막혔던 것이 뚫리는 듯한 시원함을 맛보게 된다.

또 침계루에는 1587년 만들어진 높이 127cm의 동종이 걸려있다. 조선시대에도 동종은 만들어졌지만 성덕대왕신종이나 조선초 흥천사종과 같은 대규모 동종은 더 이상 만들기 어려워 대부분 1m를 넘지 못했다. 그럼에도 불구하고 대흥사종은 상당히 큰 편에 속한다. 그런데 이 종은 1717년과 1772년에 각각 다시 제작했다는 명문이 있어 임란 전의 원형은 아닌 듯하다.

북원의 중심전각은 팔작지붕을 얹은 정면 5칸의 웅장한 자태를 지닌 대웅보전이다. 현판은 역시 원교 이광사의 글씨다. 추사 김정희가 1840년 유배길에 대흥사를 들렀을 때, 이 현판을 보고 "힘이 없고 속기가 흐른다"며 현판을 내릴 것을 당부하고 대신 자신이 글을 써주겠다며 〈무량수각〉 현판을 남겼다고 한다.

이 이야기가 얼마나 사실에 근거한 것인지는 알 수 없다.

추사 김정희가 쓴 대흥사 현판

그러나 그가 이광사의 서체를 비판한 것만은 틀림없다. 추사는 글에서 이광사의 스승인 윤순의 글씨에 대해서는 "문징명에서 나왔다"고 평한데 반해 이광사에 대해서는 "안진경체와 구양순체는 겉만 알고 있으며 왕희지 법첩을 보았다지만 그 오류 검증도 안 하고 받아들인"데다가 심지어 "붓 잡는 법도 모른다"고 비판했으니 말 다했다. 물론 이러한 비판은 지금은 아무리 추사 선생의 말이라 하더라도 받아들여지지 않는다. 그러나 이렇게까지 비판했던 이유는 아마 이광사의 글씨가 자신의 감정을 너무 있는 그대로 폭발시키듯 드러내는 외향적인 글씨였기 때문이 아닌가 싶다. 고갱이 고호에게 "이건 태양이 폭발하는 거야 뭐야"라고 비판했다는데, 마치 그런 투로 울분을 드러낸 듯한 이광사의 떨리는 붓질에 대해 "붓도 제대로 못 잡는 수전증이야 뭐야"라고 한 방 먹인 셈이다. 동아시아는 전통적으로 감정을 있는 그대로 드러내는 것을 좋아하지 않았다. 그렇게 드러내는 것이 '속기俗氣'였고, 절제하고 자제하고 승화시켜 내보내는 것이 '문기文氣'였다. 그러나 이내 거의 평생을 유배지에서 보내다 해배되어 한양으로 올라가던 추사는 다시 대흥사에 들려 이광사의 현판을 찾았다고 한다. 그리고 한때 자신의 비판이 잘못된 것이었음을 시인했다고 하니, 아마 이광사의 그 분노와 울분이 어디서 비롯되었는지 그도 비로소 체감했기 때문이리라.

대웅전에 모셔진 불상은 석가모니 부처님을 중심으로 좌우에 아미타불과 약사불을 모신 삼세불상이다. 좌우 부처님은 1612년에 태전太顚 스님이 조성한 것이다. 중앙의 석가모니 부처님은 그 후에 재차 봉안한 불상인데 크기도 더 크고 양식도 조금 다르다. 대웅전은 1667년에 심수心粹 스님이 3년에 걸쳐 중건한 것이라 한다. 법당 내부는 질서정연하고 다양한 장엄으로 화려한데 기둥들은 숲에서 자라던 나무를 그대로 옮겨온 듯 휘어져있어 자연스러움을 살렸다.

가허루

2) 남원

대흥사가 13대 종사와 13대 강사를 배출했다고 하므로, 어쩌면 북원은 종사, 남원南院은 강사의 공간일지도 모르겠다. 남원은 천불전을 중심으로 봉향각과 용화당이 좌우에 늘어서고, 앞에는 가허루가 놓여있다. 이 공간은 대흥사의 강원에 해당하기에 아마도 13대 강사는 이곳에서의 철저한 훈련과 수행의 결과로 만들어졌을 것이다.

남원으로 들어가는 입구인 가허루는 사실 누각형식은 아님에도 편액이 '누'인 것이 재미있는데 허공에 올라탔다는 뜻이니 여기서는 보이지 않는 1층을 '허'로 만들어 "사실은 지금 떠있음"이라고 화두를 던지는 듯하다.

천불전에는 천불이 모셔져 있는데 여기에는 특별한 사연이 있다. 천불전은 1813년에 중건이 되었는데, 중건을 이끈 풍계楓溪 스님이 천불을 경주 불석으로 모시고 싶어 6년 동안의 불사 끝에 모두 조성하였다. 그런데 이 천불을 해남까지 모시고 오는 일이 큰일이었다. 그래서 두 척의 배에 나누어 싣고 부산을 거쳐 해남으로 향했는데, 중간에 풍랑을 만나 그만 배 한 척이 일본 나가사키까지 표류하게 되었다. 나가사키에서는 매우 신령한 일이라 생각하며 절을 세워 봉안하려고 하였으나 꿈에 불상들이 말하길 "우리는 조선국 해남 대흥사로 가는 길이니 돌려보내주시오"라고 했다. 그래서 다시 배를 돌려보내니 1818년 8월에 천불이 모두 천불전에 봉안될 수 있었다는 이야기다. 정약용은 이 이야기를 듣고 "천불 중에서 이렇게 일본에 다녀오신 부처님께는 '일日' 자를 새겨 이 특별한 사건을 기록에 남기라" 충고했는데, 실제 천불 중에는 붉은색으로 '일' 자가 쓰여진 불상이 다수 전한다. 이 이야기의 전말은 풍계 스님이 지은《일본표해록》에 전하는데, 당시 불석으로 모신 불상에 대한 인식, 일본과의 해상교통 등을 엿볼 수 있어 매우 흥미롭다.

천불전의 천불

3) 별원

별원別院은 표충사를 중심으로 한 공간이다. 표충사는 정조 12년인 1788년, 휴정과 유정, 처영을 기리기 위해 세워졌기 때문에 대흥사의 3원 중에서 가장 나중에 만들어진 공간이다. 표충사란 이름의 사당과 절은 밀양에도 있는데, 그곳은 청허당 휴정과 사명당 유정, 그리고 기허당 영규를 기리는 곳으로 대흥사와 마찬가지로 불교적 공간과 함께 표충사表忠祠라는 유교적 공간으로 구성되어 있다. 이처럼 불교적 공간인 사원寺院과 유교적 공간인 사당祠堂이 함께 한다는 것은 중국에서 발원한 유교와 인도에서 발원한 불교가 서로를 인정하고 받아들였음을 의미한다고 볼 수 있다.

특히 사찰 안에 사祠라는 제사 공간이 국가 차원에서 설치된 것은 조선이 불교를 인식하는 방식이 획기적으로 변화했음을 의미한다. 물론 국가적 위기 상황 속에서 목숨을 바쳤던 스님들이 계셨기에 가능한 일이었다.

표충사 영역은 '솟을삼문' 형식으로 된 호국문을 통해 들어선다. 그 안에는 축선을 틀어서 의중당이라는 5칸짜리 건물이 펼쳐지는데, 이곳은 제사를 준비하는 공간이다. 의중당 좌우로는 강례재와 보련각이 마주보고 있는데, 강례재는 예를 강의하는 곳으로 유교적 개념에 충실한 공간이고, 보련각은 1852년 초의선사가 쓴 상량문에 의하면 진영을 봉안하기 위한 건물이다. 이 공간이 일종의 준비 공간이라면, 여기서 다시 예제문이라는 두 번째 솟을삼문을 지나 표충사 영역에 들어서게 된다. 혹 남·북원의 중심 전각이 거대한 불전이었던 것에 비해 별원의 핵심인 표충사는 규모가 작아 부수적 공간으로 생각할 수도 있지만, 제사를 그토록 중요하게 생각하는 조선에서도 사당의 표준은 3칸이었다.

이 건물의 중요성은 정조가 직접 써서 내린 '표충사' 편액을 통해서도 드러난다. 건물의 규모에 비해 현판 가득히 채워진 호방한 글씨가 정조의 성격을 잘 반영하는 듯하다. 그 옆에는 '어서각御書閣(임금이 써서 내린 편액이 걸린 전각)'이라는 작은 현판이 있는데, 이는 앞서 〈표충사보장록〉을 썼다고 소개한 신관호의 글씨다. 그는 다산과 추사의 제자로 자연스럽게 초의선사와도 교분을 쌓았고, 때문에 전라우수사로 있으면서 대흥사의 대소사에 참여한 바가 컸다.

별원의 핵심은 표충사이지만, 그 옆으로 더 깊이 들어간 곳에는 대광명전 영역이 자리 잡고 있다. 대광명전은 비로자나불을 모신 곳이다. 〈비로전상량문〉을 통해 원래는 비로전이었음을 알 수 있는데 그 건립 목적이 초의선사와 신관호, 허련이 추사가 유배에서 풀려나기를 기원하면서 지은 것이었다. 초의선사는 지금은 성보박물관에 걸려있는 〈십일면관음보살도〉와 〈준제관음보살도〉를 그린 것으로도 추정되는데, 이 역시 추사를 위해 그린 것이라 하니, 곳곳에 유·불을 초월해 추사를 기리는 흔적이 배어있는 셈이다. 특히 그 과정에서 추사와 초의의 우정을 간과할 수 없다.

3—
대흥사의
암자들

1) 일지암

초의선사는 당시 대부분 지식인들이 중국 차를 선호할 때 비로소 조선의 차 경지를 그 이상으로 끌어올린 분이다. 또한 차를 통한 유학자들과의 교류 역시 유명하다. 그러나 초의선사가 단지 차를 잘 덖고 만들었다는 이유만으로 당대 최고의 지식인들과 교류한 것은 아니었다. 그것은 그의 풍부한 학식과 유자들도 설득시켰던 그의 불교에 대한 깊은 이해 덕분이었다. 일찍이 백파긍선 스님과 선禪에 관한 논쟁을 벌인 바 있으며, 여기에 추사도 가담하여 초의 스님의 편을 들기도 했는데, 이는 조선 후기 불교사에 있어 중요한 논쟁으로 꼽힌다. 추사는 마치 원교 이광사의 서체에 대한 평에서도 그랬던 것처럼 유배 전에는 백파 스님의 삼종선 이론을 신랄하게 비판했지만, 유배 후, 그리고 작고하기 1년 전 쓴 백파긍선의 비문에서는 자신의 그 신랄했던 비판을 거두고 최고의 율사로서 칭송했다. 그 비는 현재 선운사에 세워져있다.

여하간 초의선사는 이처럼 당시 최고의 불교논쟁을 이끌었던 선승으로서 단지 차로만 국한할 수는 없는 선지식이었다.

그 초의선사의 흔적을 가장 깊게 우려내 간직하고 있는 곳이 일지암이다. 초의선사는 일지암을 1842년에 중건하여 들어와 1866년 입적할 때까지 머물렀다. 그리고 이곳에서 《동다송東茶頌》, 《다신전茶神傳》과 같은 조선 차에 대한 저술이 이루어졌으니, 실로 차를 좋아하는 분들에게는 성지라 할만하다. 규모는 단출하지만 아담한 초당 한 채와 그 앞의 연못 위에 돌을 켜켜히 쌓아 기둥을 만들어 자그마한 누를 올린 자우홍련사는 마치 인상파 화가 모네의 걸작 〈지베르니의 정원〉을 보는 듯하다. 여기서 초의선사가 강조한 다선일미茶禪一味, 즉 차와 선이 서로 통한다는 말은 추사 김정희의 걸작 〈명선茗禪〉을 탄생시켰다. 추사는 제주도 유배기간 중 초의선사가 보내준 차에 대한 보답으로 이 글씨를 썼다. '명선'은 초의선사의 또 다른 호이기도 하다.

이 〈명선〉은 지금은 대흥사를 떠났지만, 또 다른 차와 관련된 추사의 편액 〈일로향실一爐香室〉이 대흥사에 남아있다. 방안에 둔 향로에서 끓인 차향이 그윽하게 퍼져 가득한 모습이

대흥사 북미륵암 마애불좌상

마치 글씨체를 통해 시각화된 듯한 느낌이 드는 작품이다.

2) 북미륵암

일지암에서 다시 여유 있는 걸음으로 한 시간 가량 걸리는 북미륵암으로 향한다. 대흥사의 역사가 통일신라시대까지 거슬러 올라감을 보여주는 유물이 경내 응진전 앞의 석탑이라고 했는데, 북미륵암에도 통일신라시대의 유물들이 남아있다. 그중 압도적인 것이 바로 마애불좌상이다. 얕게 파냈으면서도 매우 깊게 양각된 것처럼 보이는 것이 이 마애불의 특징이다. 평면적이면서도 입체적인 이중적 조형성이 압도적으로 다가온다. 한편으로는 저 멀리 앉아계시는 것 같다가도 한순간 내 눈앞에 바로 앉아계신 것 같으니 그래서 더더욱 신비한 마애불이다. 울퉁불퉁한 양감은 강렬하고, 그러면서도 둥글둥글한 조형성은 부드러우니, 어떻게 이런 단단한 화강암으로 이처럼 마술을 부렸단 말인가. 화강암 조각기술이 얼마나 발전했는가를 보여주는 사례이다.

옷자락을 휘날리며 한쪽 무릎을 꿇고 앉아 열렬한 마음으로 연꽃과 향을 공양 올리는 천인들은 유려하기 그지없다. 그리고 공중에 솟아올라 마치 우리를 바라보며 이 공양에 동참할 것을 호소하는 듯한 비천은 모두 살아있는 존재처럼 느껴진다. 이렇듯 전면에 역동적인 상들이 새겨지다 보니 마치 8K

500인치 액정화면이 펼쳐진 듯한 느낌이다. 이 땅 끝 깊은 산중에 올라 이런 거대한 작품을 새길 생각을 하다니, 그들의 집념이 놀랍기만 하다.

북미륵암에는 석탑이 2기나 세워져있다. 그냥 걸어 올라가기도 힘든 곳에 석재를 옮겨와 탑을 세웠다. 특히 동탑은 북미륵암 맞은편 산등성이 높은 곳에 우뚝 세웠다. 종교적 열망이 아니라면 누구도 그런 무모한 짓은 하지 않았으리라. 저 멀리 인도에서 출발한 불교가 해동 조선에서 전통으로 인정받은 과정은 그보다 몇 배나 더 길고 지루한 싸움이었으며, 결국에는 이 탑처럼 한국의 산속에 우뚝 서게 되었다.

海印寺

해인사

석가모니 법등을 해동으로 옮겨오다

1—
가야산에 법계가 비추다

해인海印, 이것은 《화엄경》에서 부처님의 삼매三昧를 표현한 것으로서 대승불교에서 최고의 삼매의 경지를 의미하는 대명사처럼 사용되었다. 그 뜻은 '바다에 비친 형상'이라고 볼 수 있다. 바닷가에 가보면 특히 아주 쾌청하고 파도가 잔잔한 날 바다에 하늘이 온전히 비친 것을 볼 수 있는데, 여기서 하늘이 부처님의 진리, 우주의 원리라면 그것을 온전히 담고 있는 바다는 석가모니를 상징한다고 하겠다. 이런 바다가 바람이 불면 파도가 일고 바다에 비춘 형상을 제대로 볼 수 없다. 실재로는 우리의 마음에도 석가모니 부처님처럼 진리가 비춰지고 있지만, 파도가 이는 것처럼 번뇌하고 혼란하기 때문에 그 비춰진 온전한 모습을 보지 못하는 것이다. 따라서 삼매란 파도를 잠잠하게 하는 것처럼 우리의 마음을 고요하게 하는 방법이며, 이렇게 고요하게 하고나면 자연스레 우리에게도 똑같이 진리가 비춰지고 있음을, 즉 이미 우리가 부처임을 깨닫게 될 것임을 설명하고 있다.

해인사는 팔만대장경 덕분에 유명하다. 하지만 팔만대장경에 가려 해인사의 역사는 그다지 주목받지 못하는 듯하다. 한

해인사 일주문

국의 산사가 그대로 유네스코 세계문화유산으로 지정된 것과 달리 해인사는 장경판전으로 상징되는 팔만대장경이 지정된 것이다. 그만큼 팔만대장경의 가치는 귀중한 것이지만, 여기서는 팔만대장경을 통해 해인사 전체를 들여다보고자 한다.

해인사는 고려 후기 몽골 침입기에 조성된 팔만대장경을 품고 있지만 고려시대에 창건된 사찰이 아니다. 이미 통일신라시대에 창건된 유서 깊은 역사를 지니고 있다. 창건에 대해서는 두 가지 설이 있다. 하나는 신라의 통일 초기에 의상대사가 화엄십찰의 하나로서 세운 절이라는 설이다. 최치원의《법장화상전》과 일연 스님의 《삼국유사》에도 언급된 것을 보면 해인사를 의상대사께서 창건한 화엄사찰로 여겨왔던 것은 틀림없다.

두 번째 설은 802년에 순응順應 스님이 창건하기 시작했고, 이후 이정利貞 스님에 의해 완성되었다고 하는 것이다. 이는 《동문선》에 실려있는 최치원의 〈신라가야산해인사선안주원벽기新羅伽倻山海印寺善安住院壁記〉에 의한 것이다. 앞서의 설에 비해 100년 이상 늦고, 창건주도 다르다. 최치원은 왜 서로 다른 기록을 남겼을까?

이 두 설은 전혀 다른 이야기를 전하는 것 같지만, 순응 스님은 사실 의상대사의 먼 제자이다. 의상대사의 손제자 신림神琳 스님이 순응 스님의 스승이다. 의상대사와 순응 스님의 두 설화는 사제지간의 깊은 인연으로 이어져 있음을 알 수 있다. 아마도 의상대사가 창건한 해인사는 지금처럼 거대한 사찰이 아닌 작은 사찰이었던 반면, 이를 지금과 같은 대찰로 중창한 분이 순응 스님일 수도 있다. 순응 스님에 대해서는 자세한 기록은 없지만 여러 곳에 흩어져 있는 내용들을 조합해 보면, 8세기 중엽에 출생한 것으로 보이며, 가야왕실의 후손이었다고도 한다. 766년에는 이정 스님과 함께 중국 당나라로 건너가 교敎와 선禪을 모두 배웠다.

이 두 분이 귀국한 뒤 이곳 가야산에 터를 잡은 이유가 이

해인사 삼층석탑

산의 이름이 우두산牛頭山이었기 때문이었다는 주장도 주목된다. 가야산은 옛날에는 우두산으로도 불렸는데, 어떤 설에 의하면 '가야산'의 '가야'가 산스크리트어의 '소'를 의미하여 음역하면 가야산, 의역하면 우두산이었다는 것이다. 아마 산스크리트어의 소를 의미하는 'ghou'를 염두에 둔 것 같다. 마침 당시 중국에서는 우두법융牛頭法融(594~567)선사의 우두선이 크게 유행하고 있었다. 어쩌면 두 분 스님이 당에서 이 우두선을 배웠고, 더구나 옛 가야 출신이었기 때문에 신라로 돌아와 고향 땅 이름의 산에 절을 세운 것으로 볼 수 있다.

그러나 해인사에서 이 시기의 흔적을 찾기는 매우 어렵다. 수많은 화재 속에서 재건을 거듭하면서 당시의 흔적은 거의 사라졌기 때문이다. 그런 가운데 희미하게 당시의 불사를 간직한 유물이 대적광전 앞에 세워진 삼층석탑이다. 넓은 뜰 한가운데에 자리 잡고 있어 '정중탑庭中塔'으로도 불린다. 이 탑은 원래 전형적인 신라 양식의 삼층석탑이지만, 1926년에 정비되면서 새로이 기단을 추가하고 돌로 울타리를 둘러 더 크게 만들었다. 아마도 대적광전이나 앞마당의 크기에 비해 탑이 다소 작아보였기 때문에 이를 보완하기 위한 조치가 아니었을까 추정된다. 통일신라 후기로 갈수록 점차 탑의 규모가 작아지기 시작하는 경향도 있고, 한편으로는 창건 당시의 해인사는 지금보다는 더 작은 규모였기 때문이 아닐까 생각되

합천 치인리 마애불입상

기도 한다. 현재는 돌 울타리는 철거된 상태이다. 이 탑의 별칭이 정중탑이지만, 실제는 마당의 한가운데 놓인 것은 아니다. 서남향의 중심축선에서 약간 오른쪽(남동)으로 치우쳐 있다.

이는 대적광전에서 바라본 산세가 한쪽으로 치우쳐있기 때문에 반대쪽으로 탑을 놓아 시각적 균형을 이룬 것으로 보고 있다. '비대칭의 대칭', '무기교의 기교'라는 말은 추상적인 개념이 아니라 사실은 매우 구체적인 표현이다. 즉, 단순히 균형을 깨뜨리는 것이 아니라, 작은 균형을 깨뜨려 큰 균형을 얻기 위한 방법인 셈이다.

통일신라시대의 또 다른 흔적은 9세기 무렵 조성된 것으로 알려진 치인리 마애불입상이 있다. 해인사에서 걸어서 한 시간 반 이상 가야 하는 이 마애불입상은 높이 7.5m의 대작으로 숲 속에 홀로 당당히 서 계신 모습이 무척이나 생경하다. 길이 험하다 보니 찾는 이도 많지 않은 편이어서 주변은 고요하기만 하다. 불교의식에서 늘 부처님이 강림하시길 바라는데, 여기로 내려와 계셨구나 싶게 우러러 보게 된다.

2—
격동의 해인사

우연의 일치일까. 순응 스님이 유학을 떠나셨던 766년에는 지금의 산청 내원사에 모셔져 있는 지권인을 결한 석조비로자나불상이 조성되고 있었다. 그보다 10년쯤 전에는 지리산 화엄사 스님들이 주축이 되어 경주 황룡사에서의 화엄법회를 기념하기 위한《화엄경》이 간행되었는데, 여기에도 지권인을 결한 비로자나 부처님의 모습이 그려져 있다.

또한 최치원이 해인사에 머물며 순응 스님 및 해인사의 중창에 관한 글을 쓰기 조금 전인 883년에는 신라 왕실에 의해 조성된 것으로 추정되는 두 구의 지권인 목조비로자나불상이 조성되었다. 더 멀리 서쪽으로는 858년에 조성된 장흥 보림사 철조비로자나불상과 그 유사한 시기에 조성되었을 것으로 추정되는 남원 실상사 철불에 이르기까지 어쩌면 순응 스님을 전후한 시기는 지권인 불상의 전성시대라고 할 수 있는 시기였다.

지리산권에 많이 남아있는 지권인智拳印 비로자나 부처님과 당시 삼한의 중심이었던 경주를 이어주는 위치에 있는 해인사 비로자나 부처님은 흔히 법신·보신·화신의 삼신불 가운데 법신불로 모셔지고 있으니, 팔만대장경이 이곳에 봉안

해인사 비로전의 목조비로자나불좌상 2구

되기 이전부터 어쩌면 조금 다른 의미에서 해인사는 당시 유행했던 지권인 비로자나불 조성의 한가운데에 있던 '법신사찰'이었던 것이 아닐까. 불교학자들은 화엄종에서 비로자나불상을 주존불상으로 모시기 시작한 것이 중국 당나라 징관 스님으로부터 비롯된 것이라 보고 있기도 한데, 그렇다면 해인사의 두 비로자나불상 역시 징관 스님에게 배우고 돌아왔다고 추정되는 순응 스님의 영향에 의한 것이라고 볼 수 있겠다.

이어 최치원이 남긴 〈해인사결계장기〉에는 순응 스님이 해인사를 창건한 지 100년 정도 되었을 때 '절터가 험하여 규모가 작았기 때문에 897년에 중창되었다'고 기록하고 있다. 앞서 대적광전 앞 삼층석탑이 작아 보이는 이유가 창건 당시 사역이 크지 않았다고 보는 근거가 될 수 있다. 또한 터가 험하다는 것은 구광루로부터 장경판전에 이르기까지 가파른 계단을 올라야 하는 지금 상황과도 연관지어 볼 수 있다. 혹여 장경판전 아래 거대한 축대 역시 이때의 중창의 결과였을까? 최치원은 중창된 해인사에 대해 "《주역》의 '대장괘大壯卦'에 따라 조영을 새롭게 하였다"고 평가했다. 대장괘는 34번째 괘로서 아래에 건괘乾卦를 두고 위에 진괘震卦를 올린 것인데, 이는 동양의 이상적인 건축을 상징하는 괘로서 인식되어 왔다.

한편 이 시기의 삼한은 궁예, 견훤 등이 들고 일어나 매우 혼란스러웠다. 당시의 혼란상을 보여주는 것이 895년에 세워진 해인사 묘길상탑이다. 일주문 인근 부도밭에 세워진 갸날픈 이 삼층탑에서 출토된 탑지석 역시 최치원이 쓴 것인데, 그는 당시의 생지옥 같았던 상황을 "최악의 상황을 면한 곳이 한 곳도 없었고, 굶어 죽고 싸우다 죽은 시체가 들판에 즐비하였다(惡中惡者 無處無也 餓殍戰骸 原野星排)"고 적었다. 이 글에서 통일신라 말기에도 승병이 존재했음을 알 수 있고, 그중 도적들과 싸우다 전사한 스님 56명의 명단도 확인할 수 있다.

그나마 묘길상탑이 세워지던 895년을 전후한 890년대에

해인사 묘길상탑

들어서면서 해인사 주변의 사태는 조금씩 진정되는 듯했고, 각지의 전쟁과 민란은 소강상태에 들어서는 듯했다. 하지만 서쪽으로부터 점차 견훤이, 북쪽에서는 왕건이 압박해오고 있었기 때문에 해인사를 둘러싼 정세도 그리 간단치 않았다.

이 무렵 해인사에 주석하던 화엄종 스님들은 화엄사의 정통을 계승한 남악파 관혜 스님과 부석사의 정통을 계승한 북악파 희랑 스님을 중심으로 두 파로 나뉘어 갈등하고 있었다. 특히 정치적으로는 북악의 희랑 스님은 왕건을 지지하고, 남악의 관혜 스님은 견훤을 지지하면서 이 갈등은 더욱 극단으로 치달았다. 이 북악과 남악의 갈등은 고려 통일 이후에도 끝나지 않고 이어졌다.

견훤은 901년과 916년에 대야성을 공격했지만 실패하고, 920년에야 비로소 대야성을 함락시켰다. 대야성은 과거 삼국시대부터 백제와 신라의 격전지였다. 이후 대야성은 926년에 다시금 신라가, 그리고 928년에 다시 백제의 수중에 들어가는 상황이었다. 그곳에 위치한 해인사는 승패의 향방에 따라 운명이 나뉠 수도 있었으리라. 결국 936년 왕건이 후삼국을 통일하자 해인사도 희랑 스님의 북악파가 장악하게 되었을 것이고, 그 결과물이 해인사에 전하고 있는 희랑대사의 초상조각상이다. 우리나라에서 유례를 찾아보기 힘든 초상조각상으로서 사실성이 뛰어난 작품이다.

이러한 섬세한 초상조각은 중국과 일본에도 걸작이 남아있다. 중국에는 돈황 막고굴에서 발견된 홍변 스님의 초상조각이 있고, 일본은 도쇼다이지(唐招提寺)에 전하는 감진화상의 초상조각이 있다. 중국과 일본의 스님 조각상은 매우 근엄하고 단호한 인상을 준다. 감진화상은 중국 당나라에서 일본으로 건너온 스님으로 눈을 지그시 감고 있으며, 돈황의 홍변 스님 조각은 가사로 몸을 완전히 두르고 눈을 들어 먼 곳을 응시하는 모습이다.

반면 희랑조사상은 겉으로 보기에는 근엄함이 그다지 드러

해인사 희랑대사 좌상

나지 않는다. 손은 선정인을 하고 참선에 든 것 같지만, 자세히 보면 참선의 손 모습이 아니다. 누군가를 만날 때 공손히 손을 모으고 있는 것 같은 자세이다. 그리고 앞서의 두 상과 달리 허리도 구부정한 채 매우 자연스럽게 앉아있는 어떤 평범한 스님의 모습을 보는 느낌일 뿐이다. 어쩌면 이 상을 만든 사람은 참선 중이거나 수행 중인 스님의 모습을 염두에 둔 것이 아니라, 누군가 찾아왔을 때 맞이하던 스님의 평범하고 따뜻한 모습을 그대로 표현하려고 한 것이 아닌가 생각된다. 평소 늘 불자들을 맞아주시던 스님의 모습 그대로를 자연스럽게 재현해서 마치 계시던 곳에 평소처럼 늘 계시는 것처럼 봉안함으로써 이 분의 부재를 대신하려고 했던 것이 아닐까 생각될 정도이다. 고승을 기억하는 방식도 한·중·일이 이렇게 달랐구나 실감하게 한다.

《해인사사적》에 의하면 희랑 스님은 왕건이 곤경에 빠졌을 때 야차왕들의 도움을 빌어 후백제군을 위협하여 물러나게 함으로써 왕건을 구했다고 한다. 왕건은 희랑 스님의 지원에 대한 보답으로 통일 후 토지 500결을 하사하여 해인사의 중창을 후원했다. 가야산《해인사고적》에는 이 후원으로 봄가을로 사천왕법석을 베풀었다고 하는데, 아마도 희랑 스님이 야차왕들을 동원해 왕건을 구한 사실과 연관이 있는 의례였을 것이다.

3—
팔만대장경

해인사는 해인사를 법보사찰로 만든 대장경과는 언제부터 인연이 있었을까? 고려는《팔만대장경》을 조성하기 전에 거란의 침입을 극복하기 위하여 이미《대장경》을 조성한 적이 있었다. 이를《초조대장경初雕大藏經》이라고 한다. 그리고 대각국사 의천 스님이 여기에서 빠진 경전들을 새롭게 구하여《대장경》을 간행했는데, 이를《속장경續藏經》이라고 한다. 이 경판들은 대구 부인사라는 절에 소장되고 있었는데 몽골 침입 때 불에 타 소실되었다. 이 대장경이 거란으로부터 고려를 지켜주었다고 믿었던 고려사람들은 몽골을 물리치기 위해 새로운 대장경 조성을 시작하게 된다.

《동국이상국집》에서 이규보가 1237년 작성한 〈대장각판군신기고문大藏刻板君臣祈告文〉에 의하면 "거란의 침입 때 대장경을 새겼더니 거란의 군사들이 스스로 물러났습니다. 지금 대장경을 새기는 것도 같고, 군신이 함께 서원하는 것도 똑같은데, 어찌 그때에만 거란군사가 물러나고, 지금의 달단(몽고)은 물러가지 않을 수 있겠습니까?"라고 하여 대장경판 조성 의도를 읽어볼 수 있다.

대장경 조성 사업은 고려 이전에 이미 중국이나 티베트에서도 이루어졌던 적이 있었다. 그러나 그것이 고려에서처럼 국난 극복의 상징으로서 조성되었던 사례는 드물다. 국난 극복을 위하여 일체의 모든 경전을 집대성하여, 그것도 목판으로 조성하여 대량생산하겠다는 것은 독특한 시도가 아닐 수 없다. 여러 사람들이 쓰고 이를 또 다른 여러 각수가 새겼을 것임에도 마치 한 사람이 쓴 것처럼 정연하게 조성한 것이나, 오탈자가 극히 드물도록 세심하고 철저하게 작업했다는 사실은 전쟁이라는 급박한 상황 속에서 이런 침착한 작업이 이루어졌기에 예사로이 넘길 일이 아니다. 이것이 지금의《팔만대장경》이다. 대장경판 조성 장소에 대해서는 두 가지 설이 있다. 하나는 몽골의 침입을 피해 경상남도 남해군의 섬에서 판각했다는 설이고, 다른 설은 몽골 침입 당시 조정이 피신해있던 강화도 선원사의 '대장경 판당'에서 조성했다는 설이다. 그러나 선원사 완공은 1245년이고 대장경 사업은 1237년부터 시작된 것을 생각해보면 맞지 않는다. 따라서 남해에서 사업을 마치고 팔만대장경판을 강화도로 옮겨와 선원사에 보관했다는 견해에 무게가 실린다.

최소한 해인사는 원래 팔만대장경 사업과는 직접적인 연관이 없다. 실제 해인사로 팔만대장경판이 옮겨온 것은 조선 초에 이르러서였다. 즉, 팔만대장경은 처음부터 해인사에 보관할 것을 염두에 두고 조성한 것이 아니었다는 뜻이다. 한참 후

고려시대의 화엄경 목판

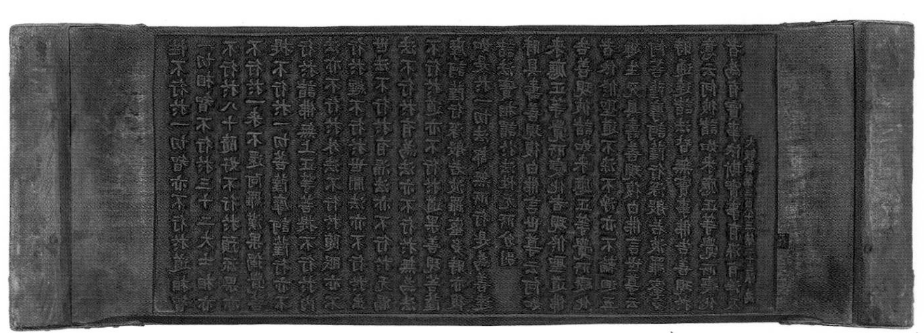

대장경 〈대반야경〉

의 기록이긴 하지만, 1769년 쓰여진 〈해인사복고사적비〉에는 이미 고려 문종 때에 해인사에 대장경판을 모셨다는 기록이 보인다. 만약 이것이 사실이라면 팔만대장경판 이전에 이미 초조대장경과 속장경이 해인사에 봉안되었던 이력이 있었다는 뜻이므로, 후에 팔만대장경판의 봉안 사찰로 정해진 것이 우연한 사건은 아닐 것이다. 물론 지금까지 알려진 바로는 초조대장경 등은 부인사에서 판각되고 봉안되어 있다가 소실된 것으로 알려져 있다. 만약 사적비의 내용이 사실이라면 사찰마다 별도의 경판고를 두는 경우는 많이 있었기 때문에 해인사에도 그러한 경판고가 세워져 있었을 수 있다. 더욱이 사적비에 특별히 기록될 정도라면 결코 작은 규모는 아니었을 것이라 추측된다. 또한 해인사에는 고려시대에 실록을 보관하는 해인사고海印史庫도 설치되어 있었다. 이와 같은 해인사의 조건들이 후에 팔만대장경을 봉안할 장소를 물색할 때 유리하게 고려되었을 것이다.

이러한 배경 아래 해인사와 현재의 팔만대장경의 공식적인 인연은 조선 태조 7년인 1398년에 5월에 강화도의 대장경판을 한양으로 옮겨오면서부터 시작된다. 《조선왕조실록》에는 2천 명의 군사들이 한양 서대문 밖 지천사로 옮겨왔다고 되어 있다. 이성계는 혹시 이 경판을 한양에 두고 싶었는지도 모르겠으나, 8월에 왕자의 난이 일어나 이성계는 실각했다. 이

해인사 장경판전

성계가 원래부터 해인사로 보내기 위해 한양을 거쳐가게 한 것인지, 아니면 왕좌에 오른 이방원이 불교 배척의 뜻으로 해인사에 내려보낸 것인지는 알 수 없다. 다만 대장경을 한양으로 옮겨오기 넉 달 전인 1398년 1월에 해인사와 함께 개성 복령사의 조세를 면제하는 지시를 내린 기록이 보이는데, 혹 태조는 이때부터 해인사로 경판을 옮길 구상을 하고 있었던 것인지도 모르겠다. 여하간 이듬해인 정종 1년, 1월에 이미 해인사에서 불경을 인출하던 스님들을 극진히 공양하라는 명을 내리고 있는 것으로 보아 빠르면 1398년 5월에서 늦어도 이

듬해 1월 사이에 대장경판이 해인사로 옮겨왔음을 알 수 있다. 이때의 인출의 비용은 상왕으로 물러난 태조 이성계가 사재를 내어 충당했는데, 이를 보면 이성계는 대장경에 지대한 관심이 있었던 것을 알 수 있다. 그는 이미 1392년에도 팔만대장경을 인출하여 개경 연복사에 1질을 봉안한 바 있었다.

여기서 한 가지 주목할 점은 만약 정종 1년에 해인사에서 인쇄하던 경판이 바로 이 한양 지천사에서 막 옮겨온 팔만대장경이라면 옮겨오자마자 곧바로 봉안될 시설이 이미 있었거나 혹은 그 전해 1월에 해인사 조세를 면제해 준 것이 경판고 조성 및 인경을 위한 사전작업이었을 가능성이 있다. 그렇더라도 1년의 기간 동안 경판고를 만들고 곧바로 인쇄에 들어간다는 것은 너무 급하다는 느낌을 지울 수 없다. 즉, 해인사에는 이미 경판의 수만 81,352판에 달하는 팔만대장경을 수용할만한 기초적인 시설이 구비되어 있었기 때문에 가능한 일이었을 것이다. 그럼에도 원래 있었던 경판고 시설이 팔만대장경을 보관하기에는 아무래도 협소했던 것 같다. 처음에는 독실한 불교신자였던 세조가 원래의 경판고를 확장하고자 하였으나 승하하는 바람에 그 뜻을 이루지 못했고, 이어 성종 19년인 1488년에 덕종비 소혜왕후 한씨와 예종의 계비 안순왕후 한씨가 그 뜻을 이어받아 단월이 됨으로써 증축 불사가 이루어졌다. 결국 1490년에 해인사를 대표하는 장경각이 탄생

해인사 장경판전 내부

했고 당시에는 보안당普眼堂으로 불렀다. 이렇게 팔만대장경은 해인사로 옮겨온 지 백 년 만에 완전한 보금자리를 찾았다.

장경각은 좌우로 매우 긴 평면 구조를 지니고 앞뒤로 놓인 두 채의 건물로 각각 정면 15칸, 측면 2칸의 법보전法寶殿과 수다라장修多羅藏을 말한다. 불보사찰 통도사가 금강계단을 통해 강력한 구심점을 형성하는 것에 비해, 법보사찰 해인사는 장경판전의 수평적 요소를 통해 균형과 평등을 이야기하고 있는 듯하다.

일반적으로 실록을 보관하는 사고史庫는 밀폐형이며 기둥을 높여 지면에서 바닥을 띄운 모습이지만, 장경판전은 지면에 바로 서가를 두었고, 벽도 개방형이다. 아마 종이에 기록한 실록과 목판을 조각한 경판의 성질에 따라 보존방식이 달랐던 것인가 보다. 장경판전의 벽체는 칸마다 위아래 2단으로 살창이 설치되어 있는데 위아래 창의 크기가 다르다. 건물 앞쪽은 아래가 크고 위가 작다면, 뒷면은 아래가 작고 위가 크다. 이렇게 크기를 다르게 한 이유는 장경각 내부 공기의 흐름을 고려했기 때문이다. 장경판전 앞뒤 창의 크기에 차이를 줌으로써 공기가 멈춰있지 않고 흐르게 만든 것이다. 또한 계단을 올라 들어서는 수다라장 입구는 단순한 네모가 아니라 둥그런 윤곽을 지니고 있는데, 춘분과 추분 오후에 이곳에 햇빛이 들면 지붕의 기와골과 어우러져 마치 연꽃 같은 그림자를

해인사 수다라장 입구 연화문의 연꽃 그림자

연출한다.

이토록 훌륭한 과학적 원리로 만들어져 경판 보관에 최적의 공간인 장경판전은 조선시대에 화재로 소실될 위기가 몇 차례나 있었다. 그때마다 이 장경각은 살아남았다.

그중에서도 1743년에 일어난 화재에 대해 〈해인사복고중수기〉는 대형석단 아래(大砌以下)의 모든 건물이 불탔다고 전한다. 즉, 석단 위 장경판전만 무사했다는 뜻이다. 이 석단은 경사가 비교적 가파른 3단으로 구성되어 있는데, 앞서 897년에 해인사 사역을 확장하면서 조성되었을 가능성을 이야기했

해인사 장경판전 전경. 왼쪽이 법보전, 오른쪽이 수다라장이다.

해인사 장경판전 아래의 대석단과 담장

다. 말하자면 이 석단이 방화벽이 되어 장경각으로 불이 번지는 것을 막아주었던 셈이다. 어쩌면 이러한 석단이 장경판전을 화재로부터 지켜준 것은 우연이 아니라, 바로 이런 석단이 있었기 때문에 팔만대장경을 보존할 사찰로 해인사가 정해졌던 것은 아니었을까?

그러고 보면 화엄십찰로 알려진 부석사, 해인사, 그리고 화엄사에는 거대한 축대가 위용을 자랑하고 있다. 이러한 대형 축대들의 형태는 비록 약간씩 차이는 있지만 의상 스님의 트레이드마크였는지도 모르겠다. 이와 같은 대형의 석단은 최소한 부석사의 무량수전과 해인사의 장경판전의 경우에는 수차례의 화재와 병화에도 살아남을 수 있었던 결정적 요인이었을 것이다.

4— 조선 후기의 해인사

조선 전기만 해도 일본은 끊임없이 팔만대장경으로 인쇄된 불경 전집을 보내달라고 요청해왔다. 발단은 왜구들이 잡아갔던 조선인 포로들을 돌려보내오자 태조가 이에 대한 답례로 대장경 1질을 선물한 것에서 시작됐다. 이를 귀하게 여긴 일본은 수시로 예물을 보내오며 대장경을 보내줄 것을 요청했다. 예를 들어 고려 말인 1381년 목은 이색이 자신의 부친의 유지를 받아 팔만대장경 전질을 인쇄하여 신륵사에 대장각을 지어 봉안한 일이 있었는데, 태종 때인 1414년에도 일본이 대장경을 요청하자 이 신륵사의 대장경 1질을 선물로 보내기도 했다. 이 신륵사본 대장경은 지금 일본의 오타니 대학에 소장되어 있다고 한다. 8만이 넘는 경판의 인쇄에는 비용도 상당히 들었기 때문에 태종과 세종은 아예 경판을 일본에 넘

해인사 홍제암 사명대사 부도

해인사 홍제암 사명대사 석장비

겨주자는 생각도 가졌다. 그러나 신하들의 반대로 다행히 무산되었는데, 신하들이 반대한 이유는 이 대장경판의 소중함을 인식했기 때문이 아니라, 경판을 통째로 일본에 주면, 일본은 또 다른 것을 요구해올 것이라는 우려 때문이었다.

그런데 궁금한 것은 이렇게 대장경을 원했던 일본이 임진왜란 때에는 이 대장경판을 노리지 않아 무사했던 것일까? 앞서 통도사의 진신사리는 왜란 당시 일본이 훔쳐갔다가 사명대사의 노력으로 돌려받았음을 살펴보았다. 그런 일본이 대장경을 그냥 두었을리는 없을 것 같다. 그러나 이에 대해서는 별다른 기록이 없다. 다른 사찰의 역사에서 그 흔한 '임진왜란 때 절이 소실되었다'는 기록도 해인사에는 보이지 않는다. 무소식이 희소식이라고 여하간 왜란 당시 일본이 해인사를 건드리지 않은 것은 다행스런 일이다. 결과적으로 해인사에 팔만대장경을 봉안한 것은 최고의 선택이었던 셈이다.

임진왜란 이후 사명대사는 말년을 해인사 홍제암弘濟庵에서 보냈다. 과연 무엇이 고단한 사명대사를 이곳에 머물게 했을까. 혹 팔만대장경을 빠짐없이 다 읽어보겠노라는 서원은 아니었을까. 그리고 사명대사의 승탑 및 석장비가 홍제암에 세워졌다. 1612년에 건립된 비문은 허균이 지었다고 한다. 비신을 받친 귀부의 모습은 고려시대처럼 섬세 · 정교하지는 않아도 선사禪師의 기념에 어울리는 자연스러움과 위엄을 지녔다. 특히 거북의 몸을 둥그런 원반처럼 추상화시킨 것은 한 구의 화두를 듣는 것처럼 간결하면서 파격적이다. 허균은 비문에서 '보조지눌과 나옹혜근의 정통이 서산대사로 이어졌고, 다시 사명대사에게 이어졌다'라고 하면서 왜란 중의 무용담을 들려주니 오랜 세월이 흘렀어도 스님을 뵙는 듯 경건한 마음이 절로 스민다.

사명대사 사리탑은 명성에 비해 너무나 단출하고 소박하지만 탑 주변으로 낮은 기단을 넓게 둘러놓아 마치 진신사리탑인 금강계단처럼 함부로 범접하지 못하게 경계 지은 것만으로도 사명대사에 대한 후세의 경건함을 엿볼 수 있다.

이후 남아있는 기록은 수많은 화재의 기록이다. 1695년, 1696년, 1743년, 1763년 등에 특히 큰 화재가 있었다. 이런 화재에도 화마를 입지 않고 현존하는 걸작 중에 〈해인사 영산회상도〉도 빼놓을 수 없다. 석가모니 부처님의 영축산 설법을 상징하는 그림으로서 지금은 성보박물관에 전시되고 있는데 1729년에 화승 의겸 스님이 그린 작품이며 높이가 3m에 달하는 대작이다. 이 그림은 원래 어디에 걸렸던 것일까? 만약 해인사의 주불전인 대적광전에 걸렸다면, 해인사를 대표하는 부처님이 항마촉지인의 석가모니불이었다는 점에서 의상계 화엄종의 상징이라 할 수 있는 부석사의 항마촉지인 불좌상을 무량수전에 모신 것과 유사한 상황이라 하겠다.

〈해인사 영산회상도〉는 주변의 보살과 제자, 신중들의 모습이 다른 영산회상도와 조금 차이가 있다. 우선 좌우로 늘어선 보살들은 마치 위아래로 쌓아놓은 단 위에 있는 것처럼 질서정연하다. 또한 화면 상단 좌우에 원형 구도 속에 작은 부처님들이 촘촘히 표현된 장면은 다른 작품에서는 찾아볼 수 없는 독특한 요소이다. 그런데 이와 매우 유사한 모습을 기원후 3~4세기 무렵에 조성된 것으로 보이는 간다라 불설법 부조 중에서 찾아볼 수 있다.

너무나 닮은 이 구도는 단순히 우연의 소산이었을까? 의겸스님은 혹시 인도를 다녀왔던 것이 아닐까? 물론 조선시대에는 인도와의 교류는 생각하기 어렵다. 통일신라시대에는 승려들이 중국과 인도에 가서 불교를 배워왔지만, 조선시대에는 오히려 일반인의 해외 출국이 금지되어 함부로 나라 바깥으로 나갈 수 없었기 때문이다. 그러나 특히 불교도의 입장에서 인도에 대한 동경은 매우 컸을 것이고, 간접적으로나마 인도에 다녀온 당나라 현장 스님의 여행기인 《대당서역기》도 꽤 많이 읽혔던 것으로 보인다. 그런 가운데 이 영산회상도를 그린 의겸 스님은 어떤 경로로든 인도를 경험하셨던 것이 아닐까 싶다. 몰래 조선을 벗어나 인도에 다녀왔던 것이 틀림없다고 소설이라도 써보고 싶은 심정이다.

비공식적인 기록이지만, 17세기의 선비 정시한의 《산중일

해인사 영산회상도 (1729년 의겸 작)

해인사 대적광전과 중심축선에서 치우친 삼층석탑

기》를 통해서도 팔만대장경의 상황을 파악할 수 있다. 1686년 4월 7일의 일기에서 정시한은 다음과 같이 적었다.

> (해인사는) 수백년의 세월이 흘렀어도 새것마냥 완연하니 후세의 재능이 옛 사람에 멀리 미치지 못함을 알겠다. 판전은 무릇 60여 간이나 되며 경판은 아주 단정하고 번듯하게 쟁여있어 보는 사람의 마음이 절로 숙연해진다. 그러나 관리하며 지키는 사람이 없어 선비나 승려나 세속의 남녀 할 것 없이 하루에도 수백 명이 관람하는데 혹은 마음대로 경판을 꺼내보고 또 아무 곳에나 놓아두며, 심지어 경판을 훼손시키기까지 하니 안타까운 일이다.

이 기록이 1695년의 큰 화재 조금 전의 기록이므로, 당시까지만 해도 조선 전기에 중창된 건물들이나 통일신라시대의 건축으로 생각되는 건축물이 잘 남아있었던 것을 짐작할 수 있어 더욱 안타깝다. 특히 장경판전에 하루에도 세속인들이 수백 명이 몰려와 경판을 구경했다고 하니, 지금의 관광지로서의 해인사와 별반 다름없었던 17세기 모습을 엿볼 수 있어 흥미롭다. 8만장이나 되는 경판을 뽑아보고 아무데나 꽂아두었다니 도서관에서 책을 다른 곳에 꽂아두면 다음 사람이 찾기 어려운 것과 마찬가지였을 테니 선비 입장에서 얼마나 속이 탔을까 싶다. 그러나 한편으로는 사람 사는 냄새가 느껴져

웃음이 지어지기도 한다.

현재의 대적광전은 1817년의 큰 화재 이후 1818년에 새로 지은 것이다. 1876년에 퇴암 스님이 〈해인사실화적〉을 지어 해인사의 화재기록을 남겼는데, 이에 의하면 '1818년의 중건은 이전의 규모를 되살리지 못한 것이었다' 한다. 또 장경판전이 7회에 걸친 큰 화재에서 살아남은 것은 '사실은 변하지만 이치는 변치 않는 것을 보여준 것'이라며 법보의 힘으로 돌리고 있다. 현재의 해인사는 이 1818년 중건에 기초하여 발전해 온 것이다.

근대에 들어와서는 성철 큰스님의 수행 도량으로 또 입적하신 곳으로 유명하다. 해인사는 창건 이후 지금까지 한국불교사의 중심에 있지 않은 적이 한 번도 없었던 것 같다.

佛國寺
石窟庵

불국사와 석굴암

보시와 전생 그리고 효가 빚어낸 결정체

1—
창건 설화,
대성효이세부모

산지승원이 7개 산사를 포괄해서, 혹은 해인사가 장경판전 및 팔만대장경을 특정하여 세계유산으로 등재된 것과 달리 불국사와 석굴암은 단일 사찰로서 지정되어 있다. 물론 두 곳의 사찰을 묶어서 지정했다고도 볼 수 있지만, 사실은 불국사와 석굴암은 하나로 이어져 있는 사찰로 보아도 무방하다. 특히 불국사와 석굴암은 그 안에 담긴 내용을 넘어서 눈에 보이는 문화재적 가치로서 세계유산으로 등재된 조금 특별한 경우라 하겠다. 단도직입적으로 말하면, 역사적, 사상적, 문화적, 학술적 등과 같은 가치 뿐만 아니라, 그에 앞서는 예술적 가치가 높게 평가된 것이다.

불국사의 석가탑과 다보탑은 한국의 문화재를 대표한다고 해도 과언이 아니다. 석가탑은 '인자요산仁者樂山'의 개념으로, 다보탑은 '지자요수知者樂水'의 개념으로 평가내리는 것처럼 두 탑은 한국 미감을 양분하고 있다. 석굴암은 또 어떤가. 아마도 우리나라 사람들이 가장 자랑스러워하는 문화재가 아닐까.

이렇듯 예술성이 강조된 불국사와 석굴암이지만, 막상 이야기의 시작은 '효孝'였다. 《삼국유사》는 '탑상'이라는 장을 따로 두어 탑과 불상에 대한 기록을 전하는데, 여기에 불국사와 석굴암의 이야기는 없다. 대신 효와 선행을 모아놓은 〈효선孝善〉편의 '대성효이세부모大城孝二世父母'에 불국사와 석굴암의 창건설화가 실려 있다. 내용을 보면 "창건자 김대성이 전생과 현생의 두 부모에게 효도를 다했다"는 것인데, 요약해 보면 다음과 같다.

신라 신문왕(재위 681~692) 때 모량리의 가난한 집 아들 김대성은 복안이라는 부잣집에서 품팔이를 하고 있었는데, 어느 날 점개라는 흥륜사 스님이 복안의 집에 찾아와 시주를 권하며 "하나를 보시하면 1만배의 복을 얻는다"고 하는 말을 들었다. 김대성이 이를 듣고 집에 돌아와 어머니에게 이 말을 전하며 자신들도 그나마 가진 조그만 밭을 보시하여 큰 복덕을 받자고 말씀드렸다. 어머니가 승낙하자 점개에게 밭을 모두 보시했다. 그 후 얼마 지나지 않아 김대성이 죽었는데, 그날 밤, 평소 자식이 없어 걱정하던 재상 김문량의 집에 하늘에서 소리가 들리길, "모량리의 대성이 곧 네 아이로 태어날 것이다" 하는 것이었다. 조사해보니 정말로 모량리의 김대성이 그날 죽었고, 이후 태기가 있어 열달 뒤 아이를 낳았는데 손에 '대성'이라 적힌 금간자가 있어 하늘의 소리가 진실임을 알게 되었다. 이에 아이의 전생의 가난한 어머니도 모셔와 함께 살게 되었다.

이후 대성이 자라 사냥을 즐기다 토함산에서 곰 한 마리를 잡았는데, 꿈에 그 곰이 나타나 자신을 죽인 것을 원망하며, 대신 자신을 위해 절을 지어주면 용서하겠다고 하자 김대성은 두려워 곰을 잡았던 자리에 장수사長壽寺라는 절을 세웠다. 이후 불심이 깊어진 김대성은 현세의 부모를 위해 불국사를, 전생의 부모를 위해 석불사를 지었으며, 신림, 표훈 두 스님을 모셔와 각각 주석하게 했다.

이 설화의 시작은 신문왕대였고, 불국사, 석불사에 신림, 표훈 스님이 머물도록 했다는 것으로 보아 대략 경덕왕대에서 마무리 된다. 그런데 〈대성효이세부모〉의 이어지는 기록에는 불국사에 전하는 바에 따르면 751년 김대성이 짓기 시작해서 774년 12월에 세상을 뜨자 나라에서 이를 완성했다고 한다는 내용이 보인다. 구체적인 완공이 언제였는지는 알 수 없다. 김대성이 어느 정도 완성해놓고 세상을 떴는지는 확실치 않기 때문이다. 다만《삼국유사》의 기록을 충실히 따른다면, 김대성은 석굴암의 천정 덮개돌을 만들어 올릴 때까지 생존해 있었다고 하므로, 김대성이 세상을 떠났을 때 석불사는 거의 완성된 상태였을 것으로 추정해볼 수 있다.

지금까지의 기록만으로 본다면 751년 즈음부터 774년을 조금 지난 어느 시점에 불국사, 석굴암이 세워졌다고 볼 수 있어 대략 25~30년 가량 걸린 대역사였음을 알 수 있다. 물론 핵심적인 공간이 이 때 완성된 이후 지속적으로 사세가 확장되었을 것이므로, 지금 우리가 보는 불국사와 석굴암은 보다 오랜 불사의 결과로 보아야 한다.

한편 두 절의 완공 후 신림·표훈 스님이 주석했다는 기록이 보이는데, 이렇게 두 분 스님을 모신 것은 불국사와 석불사에 각각 모시기 위해서였다.《삼국유사》원문에도 "신림·표훈 두 성사를 각각 머물게(各住) 하였다"고 하였으니, 신림스님을 불국사에, 표훈스님을 석불사에 모셨다고 보는 것이 합당할 듯하다. 불국사와 석굴암의 창건 동기를 알게 된 것은 다행이지만, 특히 석굴암 같은 독특한 구조의 사찰을 창건한 이유는 분명히 드러나지 않는다. 단지 전생의 부모를 위해서라고만 되어 있을 뿐이다.

막연한 추측이지만, 당나라 현장법사의《대당서역기》에 실린 이야기가 그 실마리일지도 모르겠다. 현장법사는 인도를 여행하면서 지금은 아잔타 석굴로 알려진 바로 그 석굴사원을 방문한 것으로 보이는데, 이곳을 처음 만든 스님의 이름 '아절라'가 아마도 '아잔타'의 유래가 된 것으로 생각된다. 그런데 아절라 스님이 이 석굴사원을 뚫은 이유도 돌아가신 어머니를 위해서였다. 김대성이 석불사를 창건할 때 목적이었던 전생의 부모 중, 이미 아버지는 일찍이 돌아가셨고, 홀어머니를 봉양하고 있었던 것 같은데, 아마 석불사를 창건했던 즈음에는 이 노모도 돌아가셨던 것이 아닐까. 그렇다면 석굴을 판다는 것은 혹시 석굴이 땅 속으로 연결되어 돌아가신 분에게 통하는 어떤 통로처럼 인식되었기 때문은 아닐까? 이 두 사례만으로 그렇게 단정지을 수는 없지만, 생각해볼 일이다.

또한 김대성이 불국사, 석굴암을 토함산에 세운 이유는 무엇일까? 토함산은 신라 경주의 동악東岳으로 당시 국가의 성산이었다.

토함산은 석탈해왕이 태어나자마자 돌무덤을 만들고 들어가 신비한 기운을 받은 곳이고, 또한 김대성이 돌아가신 부모를 위해 절을 세웠으니 하늘과 땅을 이어주는 신비한 곳이 되었다. 석굴암은 그러한 토함산의 원천으로 통하는 통로였을지도 모른다. 한편《삼국유사》에서 일연은 이 불세출의 사찰을 비록 '효'의 관점에서 보기는 했지만, 문장 가운데 그 예술적 가치도 빠뜨리지 않고 언급하고 있다.

> 불상들을 빼곡히 배열하여(茂張像設) 부모의 키워주신 은혜를 갚았고 (…) 불국사의 구름다리나 석탑, 그리고 돌과 나무를 다루는 기교는 경주의 여러 절들 중에 이보다 나은 것이 없었다.

여기서 불상들을 빼곡히 배열했다는 '무장상설'은 왠지 석굴암 안에 본존불상 뿐 아니라 십대제자, 문수·보현보살, 범·제석천과 함께 사천왕과 감실 속 보살상 등 여러 존상을 배열해놓은 것을 표현한 것으로 보이며, 구름다리와 석탑은 두말할 필요도 없이 청운·백운교, 그리고 석가·다보탑을 뜻하는 것이리라. 이 모든 것이 당시 가장 화려했던 도시 경주에서 으뜸이라 했으니 다른 무슨 설명이 필요할까. 비록 효에서 시작된 이야기지만, 이 한 문장을 통해 마치 일연 스님은 불국사와 석굴암의 예술적 가치는 두말할 필요가 없다는 것을 전제에 두고 있는 것 같은 느낌을 받게 된다.

물론 가난한 김대성이 이와 같이 환생하여 효도를 극진히 할 수 있었던 것은 작은 밭떼기를 보시한 것에서 비롯되었다. 실상 이 설화의 주제는 보시의 위력을 나타낸 것이기도 하다. 효를 불교의 중요한 개념인 보시의 연장선상에서 바라봄으로써 불교 고유의 탈속의 경지를 반영하고 있다는 점이 이 설화의 특징이다. 또한 보시의 공덕이 윤회하는 동안 다음 생에 나타나고, 이어 전생을 기억하는 이러한 불교적 설화구조 속에는 현대 드라마에 나옴직한 신체 바뀜, 타임슬립, 출생의 비밀과 흡사한 극적인 요소들이 두루 들어가 있어 흥미롭다. 불국사, 석굴암이 지닌 뛰어난 조형적 상상력에 걸맞는 설화가 아닐 수 없다.

불국사

2—
불국으로의 파라미타

1) 청운교·백운교, 연화교·칠보교

불국사라는 이름에 걸맞게 이곳에서 가장 주목되는 것은 청운교 · 백운교, 연화교 · 칠보교라는 독특한 진입 공간이다. 계단이지만 이름은 다리다. 다리는 어떤 곳을 건너가게 해주는 역할을 한다. 다시 말해 불국사의 이들 다리들은 높은 곳으로 '오르는' 계단과 어떤 곳으로 '건너가게' 해주는 역할을 동시에 하는 셈이다. 불국사의 '불국'과 이들 다리들은 차안에서 피안의 세계로 건너간다는 의미를 지닌 대승불교의 바라밀(파라미타) 사상을 반영하고 있다. 다리가 있으면 아래에는 물이 있는 법이다. 실제 불국사 축대 아래에는 연못이 있었다. 불국사 설화를 바탕으로 한 현진건의 소설 《무영탑》에서는 '영지'에 탑이 비치면 그때 아사달을 볼 수 있을 것이라 아사녀에게 말했다지만 실제로는 불국사의 축대 바로 아래 연못에도 석가탑의 영상이 비추었을 것이다. 비록 지금은 물은 고여있지 않지만, 흙을 거둬내고 바닥에 돌이 깔린 원래의 연못 흔적을 조금 볼 수 있게 해두었다.

2) 불국사의 축대

정시한의 《산중일기》에서는 불국사 돌계단과 돌탑을 언급하며 해인사와 비교해 기묘하다고 평가한다. 아마도 해인사와 불국사가 모두 거대한 축대를 가지고 있지만, 이 축대를 오르는 방식에 있어 불국사가 보다 정교하다는 표현이 아닌가 생각된다.

불국사의 축대 가운데 하단부는 거대한 막돌을 아무렇게나 쌓아놓은 것처럼 보인다. 그러나 기단 전체를 살펴보면 가장 아래의 막돌쌓기를 거쳐 그 위로는 조금 정돈된 돌들이 끼워 맞춰 있는 것이 보이고, 다시 그 위로는 질서정연한 목조건축이 올라가 있다. 그리고 정점에는 석가탑과 다보탑의 찰주, 즉 꼭대기 부분이 보인다. 이는 무질서의 세계에서 질서의 세계, 또는 깨달음의 정점에 이르는 단계로 발전하는 것을 시각적으로 구현한 것이다. 따라서 아래의 막돌쌓기는 맨 위 깨달음의 세계를 강조하기 위한 필연적인 장치다. 막돌쌓기 단계를 마무리하는 길다란 장대석들의 아랫면은 울퉁불퉁한 막돌들의 윗면에 맞추기 위해 깎았음을 알 수 있다. 이런 기법을 '그랭이기법'이라고 하는데, 돌들을 평평하게 다듬어 쌓고 그 위에 평평한 장대석을 얹는 것보다 이렇게 울퉁불퉁한 면을 남겨놓고 그랭이기법으로 짜맞추는 방법이 제작하기에 훨씬 까다로운 방법이다.

불국사 석축 하단의 그랭이기법

그럼에도 까다로운 그랭이기법까지 사용하며 축대를 쌓은 이유는 시각적으로는 무질서의 세계를 고의로 보여주기 위한 것이고, 구조역학적으로는 지진과 같은 외부 충격에 기단부가 더 단단하게 맞물려 있도록 하기 위해서다. 한편 그 위의 어느 정도 정돈된 두 번째 석축과 청운교와 백운교를 받치고 있는 기단부는 마치 나무로 틀을 짜놓고 그 안에 돌멩이들을 채워넣은 듯한 형상을 하고 있다. 돌로 쌓을 때는 굳이 나무로 짜맞추어 올리듯 X, Y축으로 교차하며 만들 필요는 없는데도 불구하고 돌을 짜맞춘 것을 통해 이 기단이 얼마나 한껏 멋을 낸 것인지 엿볼 수 있다.

우리나라에는 실제 이러한 형태의 목구조가 남아있지 않지만, 일본 교토에 있는 기요미즈데라(清水寺)의 법당 하부를 받치고 있는 거대한 목조 기단부와 같은 가케쯔쿠리(懸造)라는 구조에서 그 원형을 짐작해볼 수 있다. 그러고 보면 일본의 기요미즈데라는 여러 면에서 불국사를 닮았다. 기요미즈데라 법당 양끝 지붕을 돌출시켜 ㄷ자형 평면으로 만든 점과 돌로 축대를 만들고 주변에 연못을 만들어 높이 솟은 탑의 그림자가 비추도록 설계된 점 등은 마치 불국사를 교토에 옮겨 놓고 싶었던 일본 사람들의 취향이 반영된 것으로 보인다.

3) 대웅전, 석가탑과 다보탑

대웅전을 둘러싼 회랑을 통해 석가탑, 다보탑이 세워진 마당으로 들어서게 되는데, 여기서 보는 두 탑의 중첩된 모습 또한 놓칠 수 없는 풍광이다. 법당 앞에 두 개의 탑이 놓인 것은 신라의 고유한 특징이다. 이러한 쌍탑이 등장한 것은 문무왕 때에 당나라 수군을 물리치기 위한 문두루 비법을 행했던 비밀도량인 사천왕사에서였다. 이 쌍탑들은 대개 목조탑이라 지금은 사라지고 없지만, 실물로 남아있는 최초의 사례는 감은사지 쌍탑이다. 아마도 이러한 쌍탑은 신라가 거대한 당 제국과 맞서 싸워 이겼음을 상징하는 그들의 자부심이었을지도 모르겠다. 그런데 불국사 쌍탑은 모양이 서로 다르다. 석가탑의 지극히 단순한 절제미와 다보탑의 극히 복잡한 화려함은 서로 다른 미감이 느껴져서 자칫 균형이 깨어져 보일 수도 있는 일종의 모험적인 시도라 하겠다. 고려시대까지 이들 석탑은 석가탑, 다보탑으로 불리지 않았고 무구정광탑, 서석탑 등으로 불렸다. 석가탑, 다보탑이란 명칭이 등장한 것은 1740년 동은東隱 스님이 엮은《불국사고금창기》에서 '동다보탑, 서석가탑(일명 무영탑)'이라 지칭한 것에서 비롯되었다.

다보탑의 '다보'는《법화경》〈견보탑품〉에서 석가모니의 설법을 증명하기 위해 땅에서 솟은 다보탑과 그 안에 계셨던 다보불을 상징하는 것이다. 석가·다보탑의 명칭으로 알려졌을

석가탑

다보탑

때는 불국사가 《법화경》중심 사찰로 알려져 있었다. 그러나 석가탑 안에서 발견된 중수기를 통해 고려시대 불국사는 유식불교를 중심으로 한 법상종 사찰임이 밝혀졌다. 불국사가 유네스코 세계유산으로 지정된 이유로 불교적 교리가 사찰건축을 통해 잘 형상화된 점을 들고 있지만, 우리는 불국사의 독특한 쌍탑 원리의 교리적 배경을 정확히 알지 못한다.

다만 다음과 같이 추론해볼 수 있다. 유식불교에서 정립된 대승불교적 개념 중 하나가 부처를 삼신(三身)으로 보는 시각이다. 즉, 법신, 화신, 보신의 개념이다. 이 개념으로 해석해보면 대웅전은 모든 불성을 상징하는 법신으로, 석가탑은 세상

불국사의 여러 원院이 결합된 가람배치

에 화현한 화신 석가모니 부처님으로, 그리고 다보탑은 오랜 공덕의 결과인 장엄 노사나불에 해당한다고 하겠다.

순수하게 시각적인 측면에서만 본다면 독특한 모습의 다보탑은 중국을 통해 우리나라에 들어온 탑에서는 그 유례를 찾을 수 없다. 그런데 인도네시아의 로로종그랑 사원이나 디엥고원의 힌두사원에서 그 유사한 사례를 찾아볼 수 있다. 일종의 남방식 사원건축을 신라인들이 알고 있었던 것일까? 물론 이러한 사실을 입증하기 위해서는 더 많은 자료들이 필요할 것이다.

4) 무설전

대웅전 뒤편의 강당은 설법하는 곳인데, 이름이 '무설無說', 즉 '설법하지 않는다'라고 하니 아이러니하다. 그러나 설법하지 않고 설법한다는 것은 대승불교의 설법을 상징한다. 대중적으로 널리 알려진 '염화미소'는 석가모니께서 설법 대신 연꽃을 들어보이자, 오로지 마하가섭만이 이를 알아듣고 미소지었다고 하는데서 유래된 말이다. 화두나 선문답의 시원 같은 것이다. '무설'이란 단순히 '설법하지 않음'의 의미가 아니라, '언어적 형태로 설법하지 않음'을 의미하는 것이다. 기독교 수도원에서도 불교수행에서도 '묵언' 수행이 중요한 이유는 우리의 사유를 언어적 형태에 갇히지 않도록 하기 위함이다. 사유가 언어에 속박될 때 우리의 사유는 틀 속에 갇히기 때문이다. '무설전'은 부처님께서 '나는 한마디도 가르치지 않았다'고 하신 그 뜻을 반영한 전각인 것이다.

5) 극락전과 비로전

불국사는 석가·다보탑이 놓인 마당을 중심으로 하는 대웅전 영역 외에도 그 옆의 극락전 영역과 뒤쪽의 비로전 영역이 복합적으로 형성되어 있다. 회랑을 경계로 세 원이 모여있는 구조는 다른 산지가람의 느슨한 구조와 달리 매우 질서정연하다. 비로전 옆에 한쪽으로 치우친 관음전 영역까지 합하면 대략 네 개의 원이 모여 하나의 사찰을 구성하는 셈이다. 창건 당시에는 대웅전 영역만 있었을지도 모른다. 이후 아미타불 신앙 및 비로자나불 신앙이 점차 주변으로 확장되었을 것이다. 비로전의 비로자나불좌상과 극락전의 아미타불좌상은 대략 9세기 후반에 조성된 것으로 추정되는 걸작의 금동불상이다. 석굴암 불상과 유사하지만 그보다 나중에 만들어진 불상으로 불국사가 창건 당시의 불교사상에 더하여 새로운 존상을 추가적으로 봉안함으로써 사상적으로 다양성을 띄기 시작했다는 것을 보여준다. 통일신라시대에 금동으로 만들어진 불상 가운데 가장 크다. 비로자나불좌상은 높이가 177cm이고, 아미타불좌상은 166cm이지만 높은 불단 위에 올라가 있어 그 크기를 잘 실감할 수 없을 뿐이다. 더불어 이 두 불상은 의상대사가 부석사에서 화엄과 정토의 두 사상을 강조했던 전통을 반영하고 있다는 점에서도 주목된다.

6) 석조 변기

불국사에는 재밌는 유물이 있는데, 바로 돌로 만들어진 화장실 변기다. 화장실 흔적이 잘 남아있지 않는 이유는 대부분 목조로 지어졌기 때문이다. 익산 왕궁리 유적에서는 화장실로 사용되었던 구덩이가 발견되어 당시 사람들의 생활상을 추정해볼 수 있었다. 불국사는 볼일을 볼 때 앉았던 자리를 돌로 만들었던 것이 발견되었는데 당시로서는 호화로운 수세식 화장실인 셈이다. 돌로 만든 이유는 청소가 용이하고 그만큼 청결한 화장실로 유지하기가 유리했기 때문이었을 것이다.

3—
석굴암과
본존불

1) 신라의 최첨단 건축공법, 석굴암

지금은 불국사에서 석굴암까지 대부분 차를 이용해 굽이굽이 올라가지만, 걸어서 갈 수 있는 산길도 있다. 한 시간 정도 걸어서 가보면 사실은 두 절이 하나로 이어져 있음을 실감하게 된다. 차로 가더라도 워낙에 돌아서 가기 때문에 걸어가는 것과 시간상 그리 큰 차이는 없다. 지금은 석굴암이라고 하지만《삼국유사》에 나오는 원래의 명칭은 석불사石佛寺였다. 한편으로는 이 초유의 절을 지어놓고 기껏 '석불사'라는 평범한, 어찌 보면 성의 없이 붙인 듯한 이름으로 불렀을까 의아하다. 아마도 그 안의 본존불상이 돌로 만든 불상으로서 유례가 없이 거대했고, 그 안에 모셔진 모든 불상이 돌로 만들어졌기 때문일 것이다. 심지어 이를 보호하기 위한 전각까지 모든 것이

석굴암 본존불상과 그 뒤에서 걸어나오는 듯한 십대제자상들

돌로 이루어졌다. 다시 말해 순수한 돌로만 이루어진 불교사찰임을 강조한 표현으로도 볼 수 있다.

앞서 소개한 정시한이 방문했을 때도 석굴암이란 명칭으로 불리고 있었으니, 최소한 조선시대에는 석불이란 이름보다, 석굴이라는 건축적 개념이 강조된 이름으로 불리고 있었음을 알 수 있다. 또 석굴 안의 불상배치를 보면 인도 아잔타 석굴과 중국 용문석굴 등의 사원 구조에서 영향을 받았음이 분명한 것 같다. 이처럼 석굴암의 모든 것이 돌로 이루어져 있다는 것은 그저 튼튼하고 오래 갈 수 있는 집을 짓겠다는 것이 아니라, 그야말로 영원히 전해질 집을 짓겠다는 당차면서도 무모하고 엉뚱한 계획인 것이다. 요즘 누가 영원을 말하랴. 63빌딩이나, 100층이 넘는 롯데타워 건축이나, 물론 우리가 상상하는 그 이상으로 오래 버티고 있겠지만, 어디까지나 내구연한이라는 것이 있다. 아무리 튼튼하고 거대하다 하더라도 그 건물들이 영원할 것이라 믿는 사람은 없다. 그러나 신라인들은 석굴암이 영원하길 바랬던 것 같다. 그렇지만 통일신라의 절과 법당이 그 어떤 경우도 온전히 남아있는 것이 없는 상황에서 석굴암만이 유일하게 당시 배열되었던 상들이 그대로 그 자리를 지키고 있으니 석굴암 건립자들의 포부는 어느 정도 실현된 셈이다.

그런데 인도와 중국의 석굴과 석굴암의 차이점은 인도·중국 석굴은 바위 절벽을 파고 들어가서 만든 돌집인 반면, 석굴암은 돌을 판석으로 잘라 짜맞추어 인위적으로 만든 석굴이라는 점이다. 그 이유는 우리나라의 돌이 단단한 화강암이어서 인도나 중국처럼 바위를 뚫는 방식으로는 석굴을 조성할 수 없었기 때문이다. 그에 비해 돌로 축조하는 방식은 조금 쉽지만, 그대신 일반적인 집을 지을 때와 마찬가지로 지붕을 올려야 한다.

돌로 지붕을 얹은 것은 가장 튼튼한 방법이었기 때문에 이상적인 방법이기는 했다. 그러나 건물이 커지면 커질수록 돌로 지붕을 얹는 것은 어려운 작업이었다. 이에 석굴암은 독특하게 돔 기법을 사용했다. 아마 둥근 돔 형식을 통해 석굴암 내부를 더욱 넓고 우주적인 공간으로 만들고 싶었던 것 같다. 그런데 이 돔은 단순한 돔이 아니다. 중간중간 돌못이라고 하는 부재들이 박혀있는데 천정을 올려다보면 그저 둥글게 튀어나온 장식일 뿐이지만, 마치 치아처럼 깊게 뿌리가 달린 구조물이다. 이 돌못은 반구형의 돔이 안으로 쏠리는 압력을 밖으로 중화시키는 역할을 한다. 돌못 자체는 원래 주로 축대를 보강하는 용도로 사용되었다. 경주의 일정교 축대나 감은사의 축대에서 돌못의 사용례를 확인할 수 있다. 축대로 받치고 있는 곳의 토사가 비가 내릴 때 물을 머금어 부풀어 오르는 '배부름 현상'을 대비해 석축이 더욱 단단히 맞물려 있도록 하는 부재인 것이다. 이런 부재를 천장에 사용하다니, 참으로 과감하고 독창적인 선택이 아닐 수 없었다.

덕분에 최소한 17세기에 정시한이 석굴암을 방문했을 때만 해도 석굴암은 어떤 손상도 없이 온전히 전해내려오고 있었다고 한다. 그러다 일제강점기 때의 사진을 보면 석굴암 돔의 전면부 일부가 무너져 내려있다. 붕괴의 원인이 무엇인지는 모르나, 아마도 강력한 지진 등의 여파가 아니었을까. 그럼에도 내부의 상들을 손상시키지 않았으니 제 역할을 다한 셈이다.

석굴암은 최고의 예술적 가치를 지니는 작품들이 즐비하게 들어서 있으니, 돔의 역할이 더더욱 무겁게 다가온다. 최고의 조각과 그에 걸맞는 최고의 건축이다. 아마도 석굴암 조각이 우리에게 가장 인상 깊게 다가오는 것은 바로 사실적이고 살아있는 것 같은 느낌 때문일 것이다. 정시한은《산중일기》에 다음과 같이 기록했다.

석문 밖 양쪽 바위에 각각 불상 4~5구가 새겨져 있는데, 기이하고 신묘한 것이 하늘의 솜씨인 듯하다. 석문은 돌을 무지개처럼 쌓아올렸으며 그 가운데에 커다란 석불상이 봉안되어 있는데 마치 살아있는 듯하다. …(석실 안에는) 불상들이 마치 살아있는 듯 열을 지어 서있다. 그 모습을 말로 다할 수 없다. 이런 특별한 경관은 보기 드문 것이다.

여기서 주목되는 것은 정시한 선생이 석굴암 불상의 감흥을 표현하면서 사용한 '살아있는 듯한(如生)'이란 표현이다. 지금의 표현으로 말하자면 사실적인 표현이라는 것이다. 아마도 석굴암 조각이 우리에게 가장 인상깊게 다가오는 것도 바로 이 부분, 즉 사실적이고 살아있는 것 같은 느낌이 아닐까? 17세기의 선비와 현대서양미술에도 익숙한 우리의 시각이 그리 크게 다르지 않다는 것에서 강한 공감대를 느낀다.

한편 위 글에서 "무지개처럼 생긴 석문"이라는 것은 현재의 팔부중이 봉안된 전실에서 본존불이 모셔진 본실로 들어가는 통로로 사천왕이 새겨진 곳을 말하는 것 같다. 석문 밖 양쪽에 4~5구의 불상이 있다고 했으니, 지금의 좌우 양쪽에 각각 팔부중 4구와 금강역사 1구가 봉안된 것을 설명한 것으로 보인다. 그런데 이 석문 밖 영역에 지금과 같은 목조전실이 있었는가 없었는가는 치열한 논쟁 중의 하나이다.

석굴암은 구조적으로 좁은 통로를 통해 본실로 들어가기 때문에 전실을 두면 빛이 더 차단되어 인도 석굴사원의 내부보다 더 어둡게 보일 수도 있다. 그러나 지금처럼 단층의 전실이 아니라, 2층 정도로 만들어 더 많은 빛이 전실에 들어오게 한다면 본실 안에까지 충분한 빛이 들어가지 않았을까 추측

해본다.

한편으로는 석굴암은 애초부터 자연광 속에서 관찰할 것을 염두에 두고 만들어진 것이 아닐지도 모른다. 미국의 동양미술사학자인 존 카터 코벨이 석굴암 수리의 총책임자였던 황수영 박사에게 석굴암이 가장 아름다울 때가 언제였는지 묻자 "달도 뜨지 않는 그믐날, 완전한 어둠 속에서 석굴암 본존불상의 앞뒤로 초를 각각 하나씩 놓고 전실 입구 쪽에서 바라보면 십대제자들이 본존부처님의 뒤편에서 걸어 나오는 것 같은 착각에 빠지게 되는 순간이 있다. 석굴암은 그때가 가장 매력적이다"라고 답했다 한다. 아, 오늘날 그 누가 석굴암의 이런 모습을 감상할 수 있으랴. 이것이 실제 석굴암 설계자의 의도였다면 석실 내부에는 그리 많은 빛이 필요하지 않았을지도 모른다.

2) 본존불

석굴암도 부석사나 보드가야와 마찬가지로 편단우견의 항마촉지인 석가모니불좌상이 동쪽을 향하고 있다는 것은 결국 보드가야의 신성함을 이곳 토함산으로 옮겨오고자 한 것임을 알아챌 수 있다. 특히 석굴암 본존불상의 높이가 3.4m인데 마하보디 사원 본존상도 높이가 3.45m 가량이다. 이런 의미에서 인도의 성지 보드가야를 그대로 이곳 신라 토함산으로 옮겨왔으니, 신라 역시 인도와 똑같은 신성함을 지닌다는 생각이 신라인들에게 있었음을 엿볼 수 있는데 그런 생각을 불국토 사상이라 한다. 그래서 신라는 불교가 외국의 종교가 아니라 바로 신라에서 비롯된 종교라고 믿었다. 토함산에 보드가야를 그대로 옮겨온 것이니 '불국사'라는 이름을 당당하게 내걸었던 것이 아닐까? 그런데 대좌까지 합하면 5m가 넘는 이렇게 큰 불상은 일반적인 비례로 만들어서는 아래서 올려다보았을 때 하체만 너무 커보이는 위험이 있다. 그래서 석굴암의 실측도를 보면 하체는 작게, 상체는 크게 만들었다.

다만 단순히 아래서 올려다보는 것일 뿐만 아니라 전실에서 걸어 들어가면서 볼 때도 완벽하게 보여야 하는 것이 문제이다. 하지만 석문 안쪽에 양쪽으로 서있는 팔각형의 기둥 덕분에 어디서 보나 항상 완벽한 비례로 보인다. 팔각기둥의 중간 부분에는 연판문을 지닌 부재가 튀어나와 있고, 기둥 맨 위에는 대들보의 끝부분처럼 보이는 큰 부재가 안쪽으로 밀고 들어와 있다. 그 사이로 본존불을 바라보면 하체는 빈약하지만 두 기둥 사이를 가득 채우고 있기 때문에 더 크게 보이는 착시를 일으킨다. 반면 상체는 기둥 사이에 공간이 있어 다소 작아 보인다. 나아가 불두는 비교적 넓은 공간에 놓여있기 때문에 상대적으로 더욱 작아 보인다. 이런 것을 '폰조착시'라고 하는데, 이를 적극 이용한 것이다.

석굴암 본존불과 석굴의 유기적 관계 ©문명대, 2000

불상으로 다가갈수록 기둥과의 관계에서 벗어나 오롯이 불상 자체의 비례를 인식하게 되지만, 이미 예불자는 불상을 위로 올려다보는 위치로 다가간 상태이기 때문에 상체가 더 작아보이는 위치에 서게 되어 역시 완벽한 비례로 인식하게 된다. 이를 통해 석굴암은 본존불과 건축물이 완전한 유기체로 설계되었음을 알 수 있다.

조금 더 본존불상 앞으로 다가가 보자. 특히 불상의 촉지인, 즉 부처님의 아래로 내려뜨린 오른손 앞에 서보면 부처님의 검지손가락이 살짝 들려있는 것을 볼 수 있다. 원래는 모든 항마촉지인의 오른손 검지손가락은 이렇게 들려있는 것이 맞을 것 같다. '촉지', 즉 땅을 가리키거나 짚는 손이기 때문에 마치 버튼을 누르는 손처럼 한 손가락이 들려있는 것이 자연스럽기 때문이다. 그러나 대부분은 손가락을 모두 붙이고 있다. 손가락 하나만 들려있는 것을 표현하기가 그만큼 까다롭기 때문이다.

이것은 그저 손가락 하나 튕기는 문제가 아니다. 석가모니의 정각을 방해하기 위해 수많은 마귀들이 새벽에 몰려들었고, 이들을 굴복시키기 위해 석가모니께서 땅을 가리켜 지신地神을 불러내려고 '촉지'하신 것이기 때문이다. 이 미세한 작은 움직임은 곧 땅이 갈라지고 지신이 솟아나는 결과를 초래하였으며, 이어 마귀와의 한판 대결이 펼쳐진다. 이 작은 손가락의 튕김 하나로 우리는 부처님의 일생에서 가장 극적인 순간이었던 '항마'의 격렬한 장면을 목도하게 되는 것이다. 그

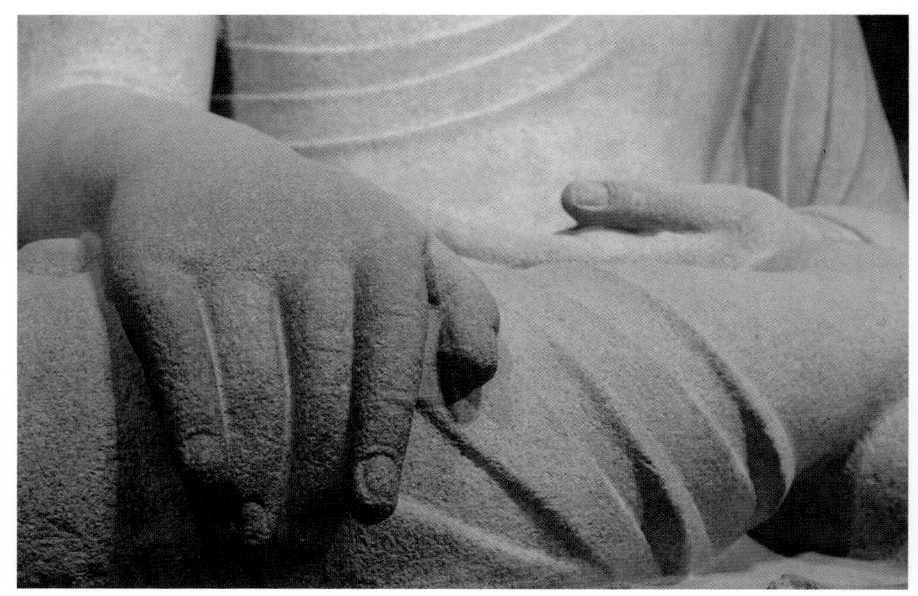

석굴암 본존불의 촉지인

뿐인가, 석가모니는 그 순간 정각, 즉 큰 깨달음을 이루셨다. 그래서 항마촉지의 순간은 곧 항마성도의 순간이다. 따라서 우리는 석굴암에 들어서면 고오타마 싯달타 태자가 오랜 수행 끝에 드디어 석가모니 부처로 탄생하는 신비로운 순간을 이 손가락의 튕김을 통해 엿보게 된 것이다. 이렇게 손가락을 튕기는 것에 집중함으로써 석굴암은 순간성을 강조한다. 역사 속 석가모니의 깨달음이 '지금 이 순간 내 눈 앞에서'라는 현재성을 띄게 된다. 석굴암이 만들어졌을 당시 신라인의 눈에도 순간이었고, 지금 우리의 눈앞에서도 순간이다. 순간이지만 또한 영원하다. 그 순간과 순간, 찰나와 찰나가 점철된 것이 삶이라는 부처님의 말씀이 새삼 눈에 잡힐 듯하다.

3) 금강역사상과 십일면관음보살입상

석굴암의 세계유산적 가치를 하나 더 꼽으라면 당연 인류 예술사에 있어 화강암 조각기술의 결정체라는 점이다. 신라의 석공들은 하얀 화강암으로 보석을 빚었다. 화강암은 너무 단단하기 때문에 정교한 묘사가 어려워 실상 조각에 적합한 재료는 아니었다. 그 때문에 표현하고자 하는 바의 핵심적인 부분에만 집중하고 부차적인 부분은 다소 생략하는 방법을 택했다. 그런데 그것이 오히려 주제를 더 강력하게 부각시키는 효과를 내면서 화강암의 장점으로 승화된 것이다.

예를 들어 석굴암 금강역사의 근육묘사를 보면, 언뜻 보기에는 매우 사실적인 인체의 근육을 정교하게 묘사한 것 같지만, 보다 부드러운 사암으로 조각한 중국 용문석굴 봉선사동의 금강역사와 비교해 보면 잔근육 같은 것은 생략하고 핵심적인 근육만 남겨두었음을 알 수 있다. 거친 화강암의 특성상 생략할 부분은 과감히 생략하고 꼭 필요한 부분만 표현한 것이다. 따라서 정교함으로만 비교하자면 화강암제 석굴암 금강역사가 사암제 용문석굴 금강역사보다 한 수 아래다. 그러나 작품성을 판단하는 것은 꼭 잔근육까지 얼마나 정교하게 묘사했는가가 기준일 수는 없다. 정시한 선생이 이미 "살아있는 것 같다"라고 평했듯이 석굴암은 비록 과감히 생략할 부분을 생략했지만, 생명력의 요체만을 살려냄으로써 그 자체로도 충분히 '살아있음'을 웅변하고 있다.

여기서 더 나아가 석굴암 금강역사는 그 자체만 놓고 보면 사실적이고 인간을 닮은 조각상이었지만, 막상 용문석굴 금강역사와 비교해보면 또 너무나 비사실적인 존재임을 비로소 깨닫게 된다. 인간이자, 비인간, 사실적이면서 비사실적인 조각. 이것이 화강암 조각의 특징이다. '색즉시공色卽是空 공즉시색空卽是色' 즉 현실(색)과 초월(공)에 구애받지 않고 넘나드는 불교적 이념에 이보다 더 적합한 조각이 있을까? 사실성과 관념성, 현실성과 초월성을 한 작품 안에 온전히 담아냈다고나 할까. 때문에 금동, 소조, 목조각 등 다양한 조각이 있지만 이 요체를 드러내는 화강암 조각기법이야말로 불교적 이미지에 가장 어울리는 조각이라 하지 않을 수 없다.

이러한 기법은 본실 가장 깊숙한 곳에 자리한 십일면관음보살입상十一面觀音菩薩立像에서 더욱 확연히 드러난다. 석굴암 조각에서 가장 화려한 조각상이 이 십일면관음상이지만 화강암의 재료적 한계 때문에 실상은 매우 얕은 부조이다. 그러나 그러한 얕은 부조 안에 신라 장인들은 예닐곱 겹으로 겹쳐진 천의의 레이어를 표현할 수 있었다. 석굴암 십일면관음의 천

천의무봉의 경지를 표현한 십일면관음보살입상(부분)

의는 너무 얇아 결코 인간세계에서는 볼 수 없는, 투명한 비단들이 겹쳐진, 그야말로 천의무봉의 경지를 구현한 것이다. 때문에 깊이감있게 조성된 조각상들보다 더더욱 신비롭게 보인다. 결국 석굴암이나 불국사의 근간을 이루고 있는 화강암 조각과 건축은 두 가지 점에서 크게 주목받아야 한다. 하나는 화강암이라는 돌의 재료와 싸워 이겨낸 신라의 조각가들은 자연과 공존하면서 자연을 활용하는 인류의 지혜가 무엇인가를 보여주었다. 어쩌면 그들은 화강암으로 대리석이나 사암을 따라하는 대신, 화강암만이 지니는 특성에 가장 부합하는 양식을 만들어내었다.

두 번째로는 금속이나 나무가 아닌, 돌을 통해 이렇게 얻어진 우리만의 미감은 후대의 금동불이나 목조각에도 그대로 영향을 주었다는 점이다. 금동이나 나무로는 더 정교하게 조각될 수 있었음에도 석조각에 보이는 대상의 요체를 추출하는 예술적 정신은 그대로 다른 재료의 예술작품에도 영향을 미치면서 우리 민족의 미감으로 자리 잡게 되었다. 이 미감은 비록 한반도에 국한된 미감이었지만 그 내면을 통해 이제는 세계와 공감하게 된 것이다. 이것은 어떤 문화를 이해하는 데 있어 그 문화가 마주한 상황을 함께 이해한다면 결국에는 서로 공감하고 이해할 수 있으리라는 희망의 메시지이기도 하다.